ACTION LIBÉRALE POPULAIRE

Liberté pour tous.
Égalité devant la loi — Droit commun.
Amélioration du sort des travailleurs.

COMPTE-RENDU

DU

1ᵉ CONGRÈS GÉNÉRAL

TENU A BORDEAUX

Les 7, 8, 9 et 10 Novembre 1907

PARIS

7, RUE LAS-CASES, 7

—

1908

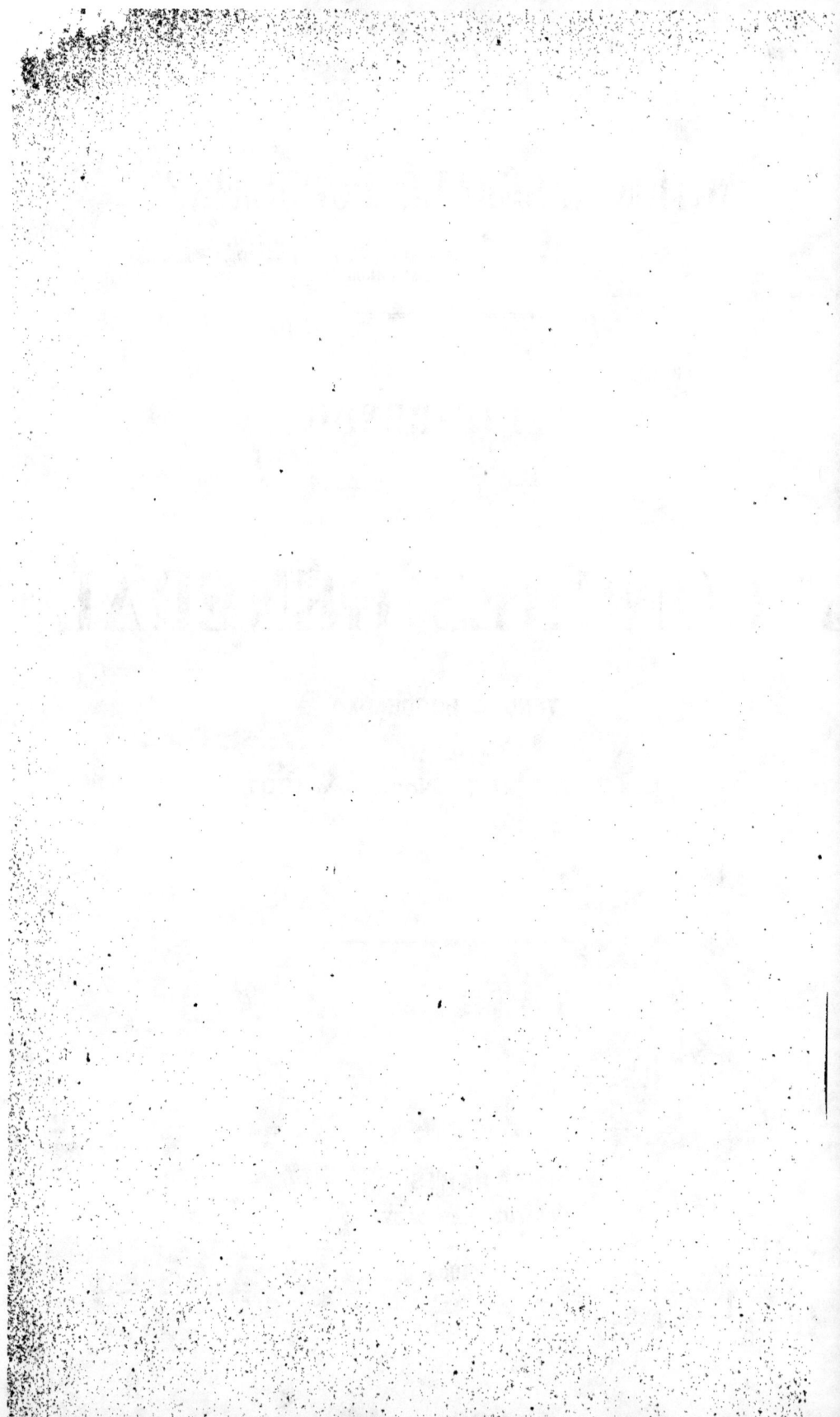

4ᵉ CONGRÈS GÉNÉRAL

DE

L'ACTION LIBÉRALE POPULAIRE

ACTION LIBÉRALE POPULAIRE

Liberté pour tous.
Egalité devant la loi — Droit commun.
Amélioration du sort des travailleurs.

COMPTE-RENDU

DU

4ᵉ CONGRÈS GÉNÉRAL

TENU A BORDEAUX

Les 7, 8, 9 et 10 Novembre 1907

PARIS

7, RUE LAS-CASES, 7

1908

ACTION LIBÉRALE POPULAIRE

PROGRAMME-HORAIRE

DU

CONGRÈS GÉNÉRAL DE BORDEAUX

des 7, 8, 9 & 10 Novembre 1907.

Jeudi 7 Novembre.

SÉANCE D'OUVERTURE DU CONGRÈS

Le soir à 8 h. ½, salle Franklin, 21, rue Vauban.

Présidence de M. Jacques PIOU, député de la Lozère, président de l'*Action Libérale Populaire*.

Discours du Président.

ORATEURS INSCRITS
{ MM. **Guyot de Villeneuve**, député des Basses-Alpes, membre du Comité directeur.
Lenail, } délégués régionaux du Comité
Saint-Yves, } directeur.

Vendredi 8 novembre.

SÉANCES { le matin à 9 h. / l'après-midi à 2 heures { Salle Franklin (foyer), 21, rue Vauban.

SÉANCE DU MATIN

Présidence de M. de GAILHARD-BANCEL, député de l'Ardèche, membre du Comité directeur de l'*Action Libérale Populaire*.

Résumé des Réponses aux Questionnaires.

(La parole sera donnée aux délégués qui la demanderont sur chacun des sujets suivants successivement.)

ENQUÊTE AGRICOLE.

1° Situation de la propriété;
2° L'Émigration;
3° Le Socialisme rural;
4° L'Amélioration du sort des classes agricoles.

SÉANCE DE L'APRÈS-MIDI

Présidence de M. Jacques PIOU, député de la Lozère, Président de l'*Action Libérale Populaire*.

ORGANISATION DE L'A. L. P.

1° Administration;
2° Institutions sociales;

1

3° Propagande;
4° Organisation régionale.

Samedi 9 Novembre.

SÉANCES { le matin à 9 h. / l'après-midi à 2 h. } Salle Franklin (foyer), 21, *rue Vauban.*

PRÉSIDENCE DE M. XAVIER REILLE, DÉPUTÉ DU TARN,
MEMBRE DU COMITÉ DIRECTEUR DE L'*Action Libérale Populaire.*

SÉANCE DU MATIN

Résumé des Réponses aux Questionnaires.

(La parole sera donnée aux délégués qui la demanderont sur chacun des sujets suivants successivement.)

L'IMPOT SUR LE REVENU.

1° Avantages et inconvénients de l'impôt sur le revenu;
2° Réformes fiscales nécessaires.

SÉANCE DE L'APRÈS-MIDI

PRÉSIDENCE DE M. DE CASTELNAU, DÉPUTÉ DE L'AVEYRON,
MEMBRE DU COMITÉ DIRECTEUR DE L'*Action Libérale Populaire.*

LA DÉCENTRALISATION.

1° Décentralisation administrative;
2° Assemblées régionales;
3° Organisation des services municipaux.

ASSEMBLÉE GÉNÉRALE

Le soir à 8 ½, salle de l'Alhambra, 22, *rue d'Alzon.*

PRÉSIDENCE DE M. JACQUES PIOU.

ORATEURS INSCRITS : { MM. **Lerolle**, député de Paris, Membre du Comité directeur.
Jules Roche, député de l'Ardèche.
Amédée Reille, député du Tarn, Membre du Comité directeur.

Dimanche 10 novembre.

BANQUET à onze heures et demie, **Salle du Palais de Flore**, 59, *boulevard de Caudéran.*

DISCOURS DE CLÔTURE, PAR M. JACQUES PIOU,
PRÉSIDENT DE L'*Action Libérale Populaire.*

CONGRÈS GÉNÉRAL 1907

SÉANCE D'OUVERTURE

Jeudi 7 Novembre 1907.

SÉANCE TENUE DANS LA SALLE FRANKLIN

Le quatrième Congrès général des Comités de l'*Action Libérale Populaire* s'est ouvert à Bordeaux, à 9 heures du soir, sous la présidence de M. Jacques Piou, Président général de l'Association. Toutes les régions de la France : Lyon, Grenoble, les départements du Midi, le Centre, la Bretagne, le Nord, l'Est et Paris ont envoyé des représentants à ce Congrès, véritables assises de la France libérale tout entière.

C'est devant une assistance exceptionnellement nombreuse et animée du meilleur désir d'action que M. Glotin, le dévoué président du Comité régional de Bordeaux, déclarait ouvert le quatrième Congrès national de l'A. L. P. et prononçait son discours d'ouverture. Il remercie d'abord le Comité directeur et son Président général d'avoir choisi Bordeaux pour siège du quatrième Congrès. Aux membres du Parlement, aux représentants des Comités, il souhaite la bienvenue dans cette ville de Bordeaux, si accueillante à tous.

Voici quelques extraits du charmant discours de M. Glotin :

DISCOURS DE M. GLOTIN

Au nom du Comité de Bordeaux et du Sud-Ouest, merci au Comité directeur de Paris qui, ayant confiance en nous, a choisi Bordeaux comme siège du quatrième Congrès national de l'A. L. P.

Merci à notre dévoué Président général, M. Jacques Piou, toujours infatigable, toujours sur la brèche, et qui a bien voulu présider lui-même nos débats, y apportant l'autorité de son éloquence et de sa haute probité politique !

Merci à vous, Messieurs les membres du Parlement et du Comité Directeur, qui êtes venus accompagner votre collègue et votre chef et prêter votre concours précieux aux manifestations de ce Congrès ! Nous savons tous quelle est votre compétence dans les grandes questions qui vont être discutées pendant nos journées de travail, et nous nous réjouissons à l'avance des enseignements que nous pourrons tirer de l'étude que vous en ferez avec nous.

Merci à tous ceux qui nous ont aidés dans la tâche délicate d'organisation qui nous incombait et aux membres de l'A. L. P. de notre région qui se sont fait inscrire en si grand nombre comme congressistes !

Il me reste à remplir un devoir qui m'est doux : c'est de saluer les délégués accourus de tous les points de la France et de leur dire qu'ils sont les bienvenus dans notre cité bordelaise. Je souhaite que le séjour leur en soit agréable et qu'ils rapportent chez eux un bon souvenir de notre ville, en général si gaie et si accueillante : les mœurs y sont douces et les caractères ennemis de la violence ; vie facile et tranquillité, telle pourrait être la devise des Bordelais; aussi, les apaches y sont-ils rares, je ne dirai pas qu'il n'y en ait pas du tout ; il faut toujours compter avec l'importation, mais, du moins, sont-ils réduits à un nombre restreint et bien moindre que dans certaines autres grandes villes.

Et maintenant, je tiens, en terminant, à formuler un souhait. C'est que ce Congrès qui s'annonce si bien ait tout le résultat que nous pouvons en espérer ; qu'il montre la puissance de notre Association et combien M. Jacques Piou avait compris les nécessités politiques actuelles lorsqu'en 1902 il fondait, avec deux de ses amis, cette A. L. P. qui compte aujourd'hui plus de deux cent mille adhérents. Quand nous ne ferions que décider quelques bons esprits à se joindre à nous, j'estime que nous n'aurions pas perdu notre temps; de semblables recrues sont précieuses et il ne faut pas oublier que, pour qu'une Association comme la nôtre réussisse, il vaut mieux qu'elle progresse lentement et méthodiquement; la trop grande prospérité du début est souvent un écueil, qui fait échouer les meilleurs et les plus énergiques efforts; on n'a pas le temps de s'organiser et, sans organisation sérieuse et suivie, on ne peut rien. Courage donc, Messieurs, et souvenons-nous que nous travaillons pour le bon droit et pour la France !

La fine et cordiale allocution du Président régional est vigoureusement applaudie.

M. Piou se lève ensuite, salué par une véritable ovation.

DISCOURS DE M. JACQUES PIOU

Mesdames, Messieurs,

Je suis heureux, au moment où s'ouvre notre quatrième Congrès national, de saluer ici tous les délégués qui ont répondu avec tant d'empressement à notre appel.

Ils ont compris que c'était l'heure ou jamais de resserrer les liens de fraternité qui nous unissent et de se grouper autour d'un drapeau qu'ils veulent toujours plus glorieux. (*Applaudissements.*)

— 5 —

Nos amis de Bordeaux peuvent être ...ers du mouvement qu'ils ont provoqué dans nos rangs. Il est le fruit de leurs persévérants efforts ; aussi est-ce avec une gratitude profonde, qu'au nom de notre Comité directeur, j'apporte les plus vives félicitations à tous ces vaillants et, en particulier, à M. Glotin, le Président modèle, en qui s'allient l'esprit d'organisation et le feu sacré du dévouement (*applaudissements*) et à M. de Beaumont, le chef d'état-major inlassable, toujours en avant, toujours sur la brèche. (*Applaudissements.*)

Programme du Congrès.

Dans les journées qui vont suivre, vous travaillerez en commun à compléter le programme que nos Congrès antérieurs élaborent d'année en année.

Cette besogne peut paraître superflue à des esprits aveuglément pratiques, qui dédaignent tout ce qui n'est pas d'une immédiate application. Mais vous, Messieurs, vous en comprenez l'importance ; vous savez que, dans l'état où est notre pays, nul ne sait ce que demain réserve de surprises. Vous n'êtes pas des pessimistes qui, croyant toujours que tout est fini, laissent passer l'occasion de la victoire ; vous n'êtes pas davantage des imprévoyants qui, se laissant surprendre par les événements, ne savent pas en user. De Maistre a dit qu'il faut être prêt à tout et sûr de rien. Telle est notre devise, telle est notre règle de conduite. Le sol est miné ; la maison est lézardée de bas en haut ; nous voulons savoir d'avance sur quel plan nous rebâtirons celle qui doit, un jour, nous servir d'abri. (*Applaudissements.*)

La question agricole.

Trois questions, Messieurs, seront soumises à votre examen. La première est la question agricole ; celle-là est peut-être la plus pressante de toutes.

Si la France résiste aux secousses qui troublent le crédit des autres peuples, si elle est devenue le grand réservoir de capitaux où tous les autres viennent puiser, elle le doit à son sol d'une admirable fécondité et aux paysans infatigables qui, par leurs vertus et leurs sacrifices, accroissent sans cesse les réserves de l'épargne nationale. (*Applaudissements.*)

L'agriculture est notre grande richesse ; ses intérêts sont les premiers des intérêts publics ; pourquoi faut-il qu'ils soient les plus oubliés ?

La terre succombe sous des charges écrasantes ; la fraude s'attache à ses produits comme jadis l'usure à ses travailleurs. Elle n'a même pas, comme le commerce et l'industrie, une représentation légale pour la défendre. Ses syndicats agricoles n'ont pas le droit de posséder ; à peine ont-ils le droit de s'unir ; et le crédit rural, le père nourricier, n'est le plus souvent que le privilège des favorisés ou l'instrument politique du gouvernement. (*Applaudissements.*)

Le champ des réformes est immense ; l'œuvre à accomplir, la plus patriotique de toutes.

Après l'agriculture, viendra, le jour suivant, l'impôt sur le revenu.

L'impôt sur le revenu.

Tout a été dit et redit sur cette éternelle question en train de passer à l'état d'amusette parlementaire.

Voilà vingt ans qu'elle est sur l'affiche, et au moment où le gouvernement se prépare à lever le rideau de nouveau sur la représentation de cette vieille pièce archi-usée, le bon public est en droit de se demander si ce n'est pas lui qu'on va jouer. (*Rires et applaudissements.*)

L'impôt sur le revenu, c'est aujourd'hui comme les retraites ouvrières, la grande ressource des gouvernements qui, ne sachant que faire, occupent ainsi pendant quelque temps leur public. Cette fois, la mise en scène a été préparée savamment; les sondages ont été pratiqués (*rires*), et la Régie a eu la délicate attention, pour être agréable à ses chefs, de les prolonger toute une année.

Avant les vacances dernières, le débat a été ouvert; c'était le prologue; puis il a été aussitôt renvoyé à l'automne; à l'automne il a été renvoyé à l'hiver; l'hiver, probablement, on fera quelque chose; on votera peut-être le principe (*rires*). Les principes sont si utiles. (*Applaudissements.*)

Il ne faut pas désespérer les candidats blocards de l'avenir! Que deviendraient-ils si on leur arrachait le tremplin sur lequel leurs devanciers ont fait de si agréables exercices de voltige? (*Rires.*)

Messieurs, vous êtes fixés sur les mérites de cette parade politico-fiscale avec son cortège de progressions, de déclarations, d'obligations, et surtout sa dernière trouvaille, la plus admirable de toutes : l'impôt compensateur, le clou de la saison. (*Rires et applaudissements.*)

Vous aurez à vous demander, Messieurs, s'il ne convient pas de substituer à ce programme archi-fantaisiste un programme pratique en prenant pour base l'exonération des petites cotes et des petites patentes, grâce à l'emploi des plus-values d'impôts et à la suppression de quelques milliers de fonctionnaires inutiles.

Décentralisation.

Il restera enfin la troisième question : la décentralisation administrative. Celle-là non plus n'est plus une nouveauté; à l'inverse de la question d'Alsace-Lorraine, on en parle toujours et on n'y pense jamais. (*Applaudissements.*) D'ailleurs elle date de loin; l'ancien régime en a tracé le modèle et l'a légué aux Jacobins qui l'ont perfectionnée; mais elle n'a pris sa forme définitive que sous la Constitution de l'an VIII; elle est donc presque centenaire.

Depuis un siècle tous les gouvernements et tous les partis l'ont dénoncée, mais tous l'ont respectée. La troisième République n'a pas manqué de lui déclarer la guerre, mais une guerre toute platonique.

Il est de tradition à la Chambre qu'il y ait toujours une commission de la décentralisation; mais il est de tradition aussi qu'elle ne fasse jamais rien. (*Rires.*)

Celle qui, depuis dix-huit mois, siège au Parlement actuel, a abouti à une loi sur les fonctionnaires, ce qui n'a rien de décentralisateur! Nos vaillants novateurs se trouvent très bien à l'ombre de la Constitution consulaire.

En revanche, ils maudissent le Césarisme, c'est ce qu'ils appellent le progrès.

Ils évoquent à chaque instant les grands ancêtres et ne s'aperçoivent pas que celui dont ils ont recueilli et conservé le plus pieusement l'héritage, c'est le général Bonaparte. (*Applaudissements et rires.*)

On s'explique aisément la longévité d'une organisation administrative que tout le monde condamne. La centralisation est un excellent instrument de gouvernement; c'est une merveilleuse machine à aspirer les initiatives et à étouffer les résistances. D'ailleurs n'a-t-elle pas inventé un produit magnifique? le fonctionnarisme? Gouverner avec des fonctionnaires, quelle aubaine! C'est bien plus simple que de gouverner avec des idées. Les idées, aujourd'hui, ce sont les places, les bureaux de tabacs, les faveurs administratives, les rubans de toutes couleurs, les médailles de tout module, et les secours de toute espèce. (*Applaudissements.*)

Opprimer et corrompre, c'est ce que rendent faciles la centralisation et le fonctionnarisme unifiés. (*Rires et applaudissements.*)

N'ayez garde que le Bloc y renonce; il ferait preuve de trop d'ingratitude pour le passé et de trop d'imprévoyance pour l'avenir. (*Applaudissements.*)

Il faudra, Messieurs, le gouvernement des libéraux pour ressusciter dans notre pays les vieilles franchises municipales, pour y constituer des pouvoirs locaux, pour faire des coupes sombres dans la forêt fonctionnariste, et pour ramener au simple rôle d'administrateurs contrôlés ces préfets omnipotents, transformés en véritables commandants de corps d'armée civile, auxquels, d'ailleurs, le gouvernement, très logique, voulait, l'autre jour, donner des plumes blanches comme aux généraux (*Applaudissements et rires.*)

Le matérialisme et l'incrédulité.

Messieurs, quand vous aurez donné une solution aux trois questions que je viens d'énumérer, vous aurez complété votre programme, au moins dans ses parties essentielles. Et, dès lors, vous pourrez l'opposer à tous vos adversaires et laisser sans réplique ces détracteurs qui, si souvent, vous représentent, comme vous réfugiant dans les négations par crainte de rien affirmer.

Des affirmations bien nettes sont sorties pourtant de nos congrès antérieurs. Si elles se traduisaient en actes, la plus pacifique et la plus féconde des révolutions s'accomplirait aussitôt dans notre pays.

Ai-je besoin de les rappeler? En matière sociale : l'organisation professionnelle, une législation du travail, le droit de posséder pour les syndicats, les retraites ouvrières par la mutualité. (*Applaudissements.*) En matière politique, la revision de notre demi-constitution (*rires*) qui ne contient pas même une déclaration des droits et livre la liberté des citoyens à l'omnipotence d'une oligarchie parlementaire, anonyme et irresponsable, et la réforme d'un système électoral qu'on a justement appelé monstrueux, car il est la fraude et le mensonge organisés. En matière religieuse, un statut légal pour l'Eglise, sa liberté intégrale et toutes les garanties du droit commun. (*Applaudissements.*)

Nous, Messieurs, nous savons ce que nous voulons et nous le disons hautement. Et si jamais nos amis arrivent au pouvoir, ils auront parlé assez haut et assez clair pour que personne ne se méprenne sur l'usage qu'ils en feraient.

Ils ne seraient pas, eux, réduits à ériger l'incohérence en doctrine de gouvernement; ils ne seraient pas condamnés, pour avoir promis l'impossible, à la plus piteuse des faillites.

Ils sauraient, surtout, que les constitutions et les lois ne suffisent pas à changer l'âme d'un peuple et qu'au-dessus d'elles il y a des vérités et des règles éternelles qui seules la rendent forte. (*Applaudissements.*)

Ils sauraient que c'est en vain qu'on travaille à l'éducation civique de la nation si on ne lui a pas donné pour base l'éducation morale. (*Appl.*)

Que peuvent les institutions les plus habiles et les codes les plus savants, si le scepticisme a passé sur les hommes comme une gelée et a tari chez eux les sources de la vie ?

Les anciens avaient écrit au fronton de leurs temples ces mots : « Les dieux, les lois, les mœurs », voulant dire par là que les dieux étaient les inspirateurs des lois et les gardiens des mœurs.

Quand l'inscription sacrée n'a plus été comprise, la civilisation antique s'est écroulée. Au moment où César faisait au Sénat profession d'athéisme sans exciter d'autres protestations que les impuissantes colères de Brutus, la République succombait, entraînant avec elle les libertés romaines.

Au moment où le proconsul romain se faisait l'écho de son temps, en s'écriant du haut de son prétoire : « Qu'est-ce que la vérité ? », Tibère ensanglantait les rues de Rome et ouvrait l'ère de la décadence impériale.

— 8 —

Et la Grèce, si longtemps l'admiration, la lumière de toutes les nations, qu'est-elle devenue, le jour où, ayant perdu ses croyances, elle a perdu son idéal divin. Les discussions intestines, les divisions, les crimes, l'influence néfaste des sophistes et des rhéteurs ne sont pas les vraies causes du mal qui l'a rongée. Ce mal, le grand historien de sa décadence l'a dépeint en traits impérissables. Si les descendants des héros qui sont morts aux Thermopyles pour les lois de Sparte en sont venus à interroger les regards de Philippe pour y chercher des conseils et des ordres, si Athènes, l'enchanteresse du monde antique, est devenue la vassale de Rome, c'est, Polybe l'a dit, que le matérialisme et l'incrédulité avaient tout envahi. (*Appl. prolongés.*)

Le matérialisme et l'incrédulité, voilà les deux fléaux dont meurent les peuples. Ceux qui en sont atteints ne peuvent s'en relever. Leur prospérité matérielle, quelque brillante qu'elle soit, ne fait que jeter quelques fleurs fanées sur la route qui les conduit à la décadence.

On nous a dit comment les dogmes finissent : mais nous avons appris, à l'école de l'histoire, comment les civilisations finissent avec l'idée divine.

Les enseignements des siècles écoulés font écho aux enseignements de notre foi. Aussi, dans la lutte que nous soutenons depuis si longtemps, n'avons-nous pas de plus haute ambition que de combattre l'invasion du matérialisme grandissant, n'avons-nous pas de plus cher espoir que de réconcilier la France avec l'idéal chrétien qui a été si longtemps son guide dans sa courageuse ascension. (*Triple salve d'applaudissements.*)

Dès que cet idéal s'est voilé, elle a été d'incohérence en incohérence, de chute en chute. Qu'il réapparaisse dans sa divine beauté à ses yeux dessillés et l'heure du salut aura sonné pour elle ! (*Applaudissements enthousiastes; longue ovation.*)

Ce superbe discours est interrompu à chaque instant par les acclamations de l'assistance, et plusieurs instants s'écoulent avant que M. Guyot de Villeneuve, député de Barcelonnette, ne puisse prendre la parole :

DISCOURS DE M. GUYOT DE VILLENEUVE

MESSIEURS,

Les congrès généraux qui nous permettent chaque année de nous connaître, d'échanger nos vues, de mesurer les résultats obtenus, de dresser notre plan d'action pour l'avenir et aussi d'étudier les questions actuelles, constituent pour notre Association une des causes les plus fécondes de son développement.

Permettez-moi de joindre sans plus attendre mes félicitations à celles que vous venez d'entendre et de remercier nos amis du Comité régional de Bordeaux de l'énergique collaboration qu'ils donnent à l'œuvre commune.

Je parcourais tout à l'heure le programme qu'ils ont tracé pour préciser le thème de vos délibérations; j'y voyais énumérées les questions agricoles, financières, administratives qui évoquent les réformes à accomplir pour améliorer le sort des classes rurales, pour assurer une meilleure répartition de l'impôt, et réaliser l'extension des franchises municipales.

L'œuvre qu'ils vous proposent est digne d'une grande Association comme la vôtre; car une action politique n'est féconde que si elle se propose de réaliser les réformes, les progrès, les institutions que le peuple est en droit d'attendre de ceux auxquels il confie ses intérêts.

C'est en cela que vous vous distinguez de vos adversaires.

Ils se sont réunis récemment. Vous connaissez le sujet de leurs délibérations.

Il s'agissait de savoir s'il était possible d'admettre la désertion devant l'ennemi et s'il était congru que chaque député émargeât 15.000 francs au budget en déficit.

Je ne vous ferai pas l'injure de prendre ici l'initiative d'un débat semblable; car je suis sûr de votre réponse.

Mais le fait qu'il ait motivé de la part des radicaux-socialistes une assemblée générale de leur parti, est assez grave pour que nous en précisions le caractère au moment de prendre part à l'œuvre de travail et d'étude à laquelle votre patriotisme nous a conviés. (*Applaudissements.*)

C'est déjà un paradoxe qu'après 37 ans de République nous soyons forcés de nous réunir, de nous organiser, pour défendre la liberté, c'est-à-dire un des principes qui, depuis la Déclaration des Droits de l'homme, dans tous les pays où des citoyens se sont réclamés de l'idéal républicain, a toujours été considéré comme la base des institutions et des lois.

Mais quel paradoxe est-ce donc qu'après 37 ans après l'invasion, après le démembrement, alors que de l'autre côté de la frontière on nous dit que le sabre allemand doit être toujours effilé, nous soyons forcés de nous grouper, de nous préparer à l'action non seulement pour défendre la liberté, mais aussi pour sauvegarder notre drapeau, notre armée, notre nationalité, notre droit d'être nous-mêmes, et maîtres de nos destinées?

Et cependant cela est.

La propagande acharnée de la Confédération générale du Travail n'a pas limité aux ateliers son action néfaste. L'anti-militarisme est à la caserne; il est à l'école.

C'est un fait grave qu'il se soit trouvé en France un officier pour refuser de porter le drapeau, comme cela s'est produit à Caen, et qu'il ait pu s'en trouver un autre pour déclarer, dans une conférence militaire, consignée dans un rapport officiel transmis aux Chambres, qu'il était anti-militariste. Mais, c'est un fait plus grave encore et plus dangereux qu'un instituteur auquel sont confiés l'esprit, l'intelligence, l'âme de nos enfants, ait pu déclarer impunément qu'il « crachait sur le drapeau » et qu'une assemblée d'instituteurs, au Congrès des Amicales à Clermont, ait pu entendre sans protester un directeur d'école normale, chargé de la haute mission de donner aux éducateurs du peuple les principes de leur enseignement, refuser d'adresser un souvenir ému aux soldats français morts pour la France, la veille, à Casablanca. (*Applaudissements.*)

La polémique de presse, à la solde ou à la dévotion du Bloc, dira sans doute avec M. Ranc que « l'hervéisme n'a jamais été qu'un argument de mau- « vaise foi dirigé contre la République ».

Ceux qui ont la responsabilité du pouvoir, qui disposent de tous les moyens d'information, qui peuvent juger par eux-mêmes de la profondeur de la plaie, ne tiennent pas un pareil langage.

M. Goblet, qui a été l'un des hommes les plus considérables du parti radical, avait déjà, de son vivant, poussé le cri d'alarme. Il y a quelques jours à peine, dans son discours d'Amiens, M. Clemenceau a déclaré que c'est M. Goblet qui avait raison.

Il a montré à la France l'exemple du peuple grec et il a dit qu'après avoir émerveillé le monde, ce peuple avait péri parce qu'il avait manqué à ses enfants « le sens supérieur de la patrie hellénique ».

Laissons là la rhétorique et demandons-nous alors comment il se fait qu'en présence du mal constaté, M. Clemenceau est le chef ait cru le parti dont devoir réunir ses membres en assemblée générale pour mettre aux voix le droit à la trahison? (*Vif assentiment.*)

La raison, Messieurs, c'est qu'au pouvoir, parmi les hommes qui représentent la France, qui la gouvernent, il y a des illuminés, des sophistes ou des rhéteurs, qui battent en brèche les institutions nécessaires à sa défense.

Déjà l'année dernière leurs idées s'étaient officiellement affirmées au congrès socialiste de Limoges. Personne alors dans le parti radical-socialiste n'avait protesté.

On s'est ému cette année parce que l'appel à la désertion a été lancé sur la frontière, parce qu'il s'est renouvelé à Stuttgard en présence des socialistes allemands, narquois et hostiles, parce que surtout l'opinion française, avertie, l'a considéré comme un intolérable blasphème.

Le parti radical-socialiste a compris qu'il y avait des précautions à prendre, des solidarités dangereuses à éviter. Mais devant la rupture nette, loyale, catégorique, il a reculé.

A ce moment, l'intérêt électoral s'est dressé devant ces hommes réunis pour discuter les intérêts de la Patrie. Les 600.000 voix socialistes leur sont apparues comme un appoint nécessaire pour perpétuer leur abominable domination.

Et alors est intervenue cette combinaison misérable qui consiste à flétrir la doctrine et à fraterniser avec ses auteurs, à répudier l'anti-militarisme et à déclarer qu'on marchait avec ceux qui le professent. (*Sensation.*)

M. Briand, à Saint-Chamond, a déclaré qu'il n'y avait rien de changé dans la majorité, et Vadecard, le suprême manieur des fiches, a résumé la situation, en disant au Convent maçonnique de Paris que peu importait qu'on fût patriote ou anti-militariste, pourvu qu'on fût un bon franc-maçon. (*Rires et applaudissements.*)

Messieurs, il y a deux sortes d'anarchie. Il y a l'anarchie contre les pouvoirs publics, celle qui les combat, celle qui veut les détruire. C'est l'anarchie que l'on voit. Elle a existé dans tous les temps, dans tous les pays.

Mais il y en a une autre, celle que l'on ne voit pas ou du moins qu'on ne voit que lorsque le mal est devenu irréparable : c'est l'anarchie qui s'installe au sein du gouvernement, qui en occupe les avenues, qui le pénètre, qui le domine et qui prend sa part du pouvoir sans en avoir la responsabilité.

La première est la plus bruyante ; la seconde est la plus dangereuse ; car il y a quelque chose de pis que d'avoir un mauvais gouvernement, c'est de ne pas avoir de gouvernement du tout.

N'est-ce pas là le point fatal où nous a conduits cette coalition d'intérêts privés qui est le système du BLOC? (*Applaudissements prolongés.*)

Elle veut vivre, et, pour durer, il lui est interdit de rompre les liens qui maintiennent sa cohésion.

Le lien électoral en est un; nous venons de le constater. Mais il y en a d'autres.

Quand on a désorganisé d'un commun accord, pour des causes que je ne veux pas examiner et qui ne sont pas une excuse, les forces vives de l'armée, quand on a frappé son haut commandement, quand on a permis qu'elle fût victime de la délation, quand on a mis à sa tête un homme dont un acte d'indiscipline a tout au moins favorisé la carrière, on ne peut défendre utilement la discipline contre ceux avec le concours desquels on l'a jadis compromise.

Quand on a été, par ses actes, parmi les protagonistes les plus ardents de la Confédération du Travail, de la grève générale, en vue d'un bouleversement social, de la rébellion militaire en face de l'émeute, on manque d'autorité pour parler au nom de l'ordre à ceux qu'on a lancés contre lui.

Quand on est au ministère le représentant attitré du collectivisme, quelle force a-t-on pour défendre la propriété individuelle contre ceux qu'on représente au pouvoir?

Il y a des solidarités qui rivent les hommes les uns aux autres et qui les condamnent à une destinée commune. Il y a des situations qui comportent des conséquences nécessaires.

M. Rouvier ne voulait pas la Séparation des Eglises et de l'Etat et il la fit. — Il ne voulait pas l'exécution sanglante des inventaires et il s'y prêta. — Il ne voulait pas l'indiscipline dans la flotte, dans les arsenaux, dans les régiments, dans les administrations publiques, il la toléra.

A l'heure actuelle, la Confédération Générale du Travail mène ouvertement et impunément sa propagande d'anarchie; elle viole tous les jours, par ses actes, la loi sur les Syndicats professionnels, et la dissolution prescrite par cette loi ne lui est pas appliquée.

Ces capitulations, ces défaillances, ce mépris des intérêts les plus évidents, les plus essentiels du pays, sont les fruits naturels et nécessaires du Bloc. C'est le dogme de sa stratégie électorale, parlementaire, politique, administrative. C'est la méthode par laquelle il a conquis le pouvoir et à laquelle il est rivé, parce qu'elle lui est nécessaire pour exploiter sa victoire et réduire en servitude tous les Français dont l'audace va jusqu'à vouloir être libres sous la République!

La guerre à l'idée religieuse n'a pas d'autre cause. Elle est apparue comme la suprême ressource d'un parti divisé à la recherche d'une idée commune et comme la lutte nécessaire contre une force morale qui ne pouvait être asservie. (*Assentiment.*)

Insouciant des réformes promises, le syndicat de bourgeois anticléricaux qu'est le parti radical, a fait en cette matière preuve d'activité.

Par lui, l'athéisme est devenu le dogme de l'Etat français. Par lui, la liberté de conscience, la liberté d'enseignement, en un mot la liberté de penser, la liberté d'association reconnue à tous en principe, ont été abolies pour des catégories de citoyens.

Il n'a pas été arrêté par cette pensée qu'il frappait en elles le fondement et la raison d'être de la République. L'odieuse confiscation a couronné l'œuvre et nous en sommes arrivés à ce point qu'une assemblée française est en train de discuter le moyen de voler aux êtres qui ont disparu de ce monde, la dernière prière que, confiants dans la loyauté de l'Etat, ils avaient demandé qu'on prononçât sur leur tombe.

Devant ces ruines on se demande ce que le régime du Bloc a construit.

L'époque des élections n'est pas assez lointaine pour que nous ayons oublié ses promesses.

Il saluait alors, par des chants de triomphe, sa victoire frauduleuse et inespérée. A l'en croire, une ère de prospérité inconnue allait s'ouvrir pour la Démocratie et la République.

Quelle est donc son œuvre? Qu'avait-il promis, et qu'a-t-il tenu?

Il avait promis les retraites ouvrières; en fait de retraites, il s'est administré quinze mille francs par tête de député.

Il avait promis une meilleure répartition de l'impôt; en fait d'allégement de nos charges, il a voté plus de deux cents millions d'impôts nouveaux.

Il avait promis de corriger les abus du fonctionnarisme. A peine élu, il a voté le rachat de l'Ouest et créé d'innombrables fonctions publiques, à commencer par un nouveau ministère et par un nouveau sous-secrétariat d'Etat.

Il avait promis l'ordre et la paix publiques, condition nécessaire d'une œuvre sérieuse de réformes: il n'a cessé de les compromettre en aggravant la loi de Séparation. et en se faisant le complice honteux de la Confédération Générale du Travail.

Depuis tantôt vingt ans l'impôt sur le revenu, les retraites ouvrières constituent sa plate-forme électorale. Ces deux réformes quant à présent marchent à un enterrement de première classe. (*Applaudissements.*)

Le projet rétrograde et vexatoire déposé par M. le ministre des Finances ayant eu cette rare fortune de réunir l'unanimité des critiques dans tous les partis (*rires*), les quatre vieilles contributions ont été à nouveau votées au mois de juillet dernier par les Chambres et depuis lors les sondages opérés un peu partout par ordre ministériel ont rencontré de telles fondrières, que le projet d'impôt sur le revenu, retiré de l'ordre du jour de la Chambre, est renvoyé à l'année prochaine.

Quant à la loi sur les retraites ouvrières, la commission du Sénat a eu la malencontreuse idée de vouloir être édifiée sur ses conséquences. Elle a eu l'imprudence de demander à M. Caillaux et à M. Viviani le secours de leurs lumières. M. Viviani, qui a éteint, comme on sait, celles d'en haut, avait sans doute éteint ce jour-là aussi celles d'en bas (*rires*); en tout cas, ces deux messieurs se trouvèrent dans l'impossibilité de se mettre d'accord sur le chiffre des dépenses à envisager. Et la loi sur les retraites ouvrières fut vouée à son tour à un supplément d'enquête, c'est-à-dire ajournée à des jours meilleurs.

En sorte que la seule réforme que cette Chambre ait faite a consisté dans l'augmentation de ses appointements.

Tant qu'il y aura du travail dans les usines et un peu d'argent dans les campagnes, cette impuissance gouvernementale, cette faillite de la majorité laissera sans doute le suffrage universel lassé et indifférent.

La pression administrative la plus dure qui ait jamais été infligée à ce pays, suffira peut-être à contenir quelque temps encore les révoltes ou les impatiences.

Mais le jour où la souffrance naîtra d'une de ces crises économiques qui déroutent les prévisions les mieux établies, qui bouleversent les entreprises les mieux assises, alors ces hommes, auxquels on a tout promis, auxquels on a rien donné, viendront réclamer aux curés de la Sociale la part de Paradis qu'ils leur ont garantie sur la terre.

Ce jour-là, ceux qui, par un vieil atavisme pensent qu'il se trouvera toujours un gouvernement pour leur donner le soldat, le prêtre et le gendarme dont ils ont besoin, feront sans doute appel à un SABRE; comme ils disent dans leur langage.

Je ne sais s'ils auront un sabre à choisir (*nouveaux rires*), mais ce que je sais bien, c'est qu'il y a peu de chances pour que l'ambitieux qui le tirera du fourreau le mette au service d'une minorité impuissante et qu'il y en a beaucoup au contraire pour qu'il en fasse contre elle l'instrument efficace et lucratif de la révolution sociale. (*Assentiment unanime.*)

Messieurs, votre confiance ne doit aller qu'à vous-mêmes; le salut n'est pas ailleurs — il est en vous.

Vous avez constitué presque partout une force organisée; vous avez fait surgir à tous les degrés de l'échelle sociale des dévouements et des volontés. C'est déjà beaucoup. Il vous reste à vous en servir.

Vous avez le suffrage universel: faites appel à sa volonté souveraine.

Vous avez contre vous, dites-vous, des préventions, des préjugés : Soit, — dissipez-les.

Dévouez-vous patiemment à faire la conquête de l'opinion. Elle est aujourd'hui la proie, dites-vous, des professionnels de l'anarchie. Elle vous écoutera le jour où vous lui aurez montré que vous êtes les vrais défenseurs de ses intérêts.

Quand on a la satisfaction morale d'appartenir, comme vous, à un parti qui défend la liberté, la justice, et je dis maintenant la patrie, on a le devoir de lui recruter des adhérents, d'accroître son rayonnement.

Quand on a pour soi cette grande force: d'avoir raison, on ne doit se laisser arrêter par aucun obstacle, rebuter par aucune difficulté, même par aucune défection.

Nous avons assez souffert pour savoir que les divisions ont fait notre faiblesse et que l'union doit faire notre force. Réalisons cette union sacrée. Souvenons-nous que, dans un grand parti comme le nôtre, il peut y avoir des

différences d'origine, mais qu'il ne doit y avoir qu'un seul but : celui de
défendre contre les barbares du dedans et les ennemis du dehors l'unité
morale de la patrie. (*Double salve d'applaudissements.*)

Le peuple de France a trop souffert lui aussi au service de cette grande
cause, pour que nous puissions admettre qu'il l'abandonne. Il a repoussé
trop d'invasions, produit trop de saints et trop de héros, conquis par trop de
sang et par trop de larmes le droit à la liberté, pour ne pas vouloir un jour
couronner son œuvre par la sincérité et la loyauté de son gouvernement.
(*Acclamations et applaudissements prolongés.*)

Le président donne la parole à M. Lenail qui expose le mouvement
de l'*A. L. P.* dans la région de Lyon :

DISCOURS DE M. LENAIL

M. Pierre Lenail, avocat à la Cour de Lyon, rappelle que lors du IIIᵉ Congrès national, tenu à Lyon en 1906, la région dont il s'occupe comptait
389 Comités. Un an après, en ce IVᵉ Congrès national de Bordeaux, il est
heureux de dire devant M. Jacques Piou qu'il en existe 525.

Ces Comités ont eu la bonne fortune non seulement de défendre et de propager leurs idées mais encore de les faire triompher sur le terrain électoral.
C'est ainsi qu'aux élections cantonales des 28 juillet et 4 août, l'opposition
a gagné 16 sièges dans les 11 départements du ressort de Lyon. (*Applaudissements.*)

L'explication de ce succès se trouve à la fois dans *les événements* et dans
notre *méthode*. Nous constituons en fait la grande armée des ruraux. L'agriculteur, qui a très facilement la tentation d'attribuer au ministère tout le mérite de sa prospérité, est bien amené aussi à reporter au gouvernement l'irri-
tation que lui causent les crises aggravées par une impitoyable fiscalité.

« Je sais qu'en face des grands sinistres, sécheresse, inondations, le pouvoir jacobin n'est pas resté sans agir. Et nos populations qui ne sont pas du
Midi, Messieurs, ne peuvent s'empêcher de regarder d'un œil d'envie ces
heureux sinistrés du Gard ou de l'Hérault qui ont connu l'incomparable
générosité des poignées de main dont M. Fallières est prodigue. Et Dieu sait
que M. le président de la République n'est pas un mince personnage ! (*Rires.*)
Nos paysans des vallées de l'Ardèche, de la Loire ou du Rhône ont eu d'autres
spectacles qui ne vont pas sans leur précieux enseignement. Jugez-en.

« Tel de leurs villages s'était vu brutalement cerner et envahir par un
régiment d'infanterie, appuyé au besoin d'une section du génie et d'une ou
deux batteries d'artillerie. Cette troupe vivait sur le paysan qui ne l'avait
pas prié de venir. Elle était là pour enfoncer la porte d'une vieille église. Et
voici que la rivière a débordé, que le torrent farouche est entré dans la
mairie, dans l'école laïque, dans les chaumières, hélas ! jetant bas les
murailles branlantes, ensevelissant dans la boue le mobilier, les récoltes, les
instruments. Où sont les soldats du génie ? où sont les troupes que M. Picquart
prêtait à M. Clemenceau pour culbuter des bonnes femmes à genoux ? Contre
la liberté de conscience un régiment n'était pas de trop ; contre l'inondation
quatre hommes et un caporal c'est tout ce que pourra donner aux cultivateurs en péril la sollicitude des ministres du Bloc ! Singulières et impres-
sionnantes leçons de choses qui ne sont pas perdues pour le rural. »

L'*A. L. P.* apporte, à ces tyrannisés, un concours qui ne disparaît pas au
lendemain d'un scrutin. C'est par quoi nous estimons que la méthode est
nouvelle. Dernièrement nous fêtions, en un banquet de cinq cents agricul-

teurs, la défaite de l'un des nôtres aux élections cantonales; et les convives sentaient bien que cette défaite avait un air de victoire si proche qu'ils pouvaient regarder dans les yeux leurs vainqueurs qui ne le seraient plus. C'était, assurément, le seul point sur lequel ils eussent le même sentiment que la préfecture!

« En d'autres banquets nous avons pu célébrer le succès déjà conquis. Dimanche dernier, l'un de nos orateurs de la section des conférences de Lyon parlait en Isère. Le canton en valait la peine, car il a deux célébrités : Le député blocard et la maison natale de Mandrin, toute l'actualité parlementaire, comme vous le voyez. (*Rires.*) Oh! que l'on ne m'accuse pas d'insulter à la mémoire de Mandrin! Mandrin détroussait le fisc, tandis qu'aujourd'hui c'est le fisc qui nous détrousse. — Or, malgré d'invraisemblables efforts de toute la gent maçonnique du cru, les convives affluèrent. Ils applaudirent. Et l'un d'eux eut une parole profonde, il dit au conférencier : « Ah! ben, Monsieur, vous parlez bien! Ah! vous parlez comme ma femme! »

— Comme ta femme! Eh! oui, Messieurs, les femmes de notre pays tiennent un langage qu'il faudra bien que les hommes se décident à tenir, eux aussi.

« Nous lui disions — comme sa femme — qu'il était dans le pays des choses sacrées qu'il devait défendre, lui, le paysan, car elles ne se défendraient point sans lui, son foyer, sa liberté, ses enfants. Nous lui parlions de cette iniquité sans excuse qui privait les plus pauvres de son canton du droit de choisir les éducateurs de ses enfants, pendant que le député du Bloc, payé de plus en plus cher, avait ce moyen d'envoyer ses filles et ses fils recevoir, hors de la frontière, les leçons des grands collèges libres.

« Nous lui parlions de ses morts. Et le vieil amoureux de la terre, en cette octave de la Toussaint, où il avait refait son pèlerinage aux humbles tombes de son cimetière de campagne, sentait bien — comme le disaient chez lui sa femme et sa fille — que jamais il ne faudrait laisser les détrousseurs de cercueils venir troubler, dans le religieux repos de ces tombes, la paix des gens de labour qui avaient peiné, souffert, espéré aussi et qui, passant à l'éternité, avaient imploré le pieux souvenir de l'Eglise pour leur âme angoissée.

« Nous lui parlions d'une étroite solidarité nationale qui menaçait de sa revanche quiconque se désintéresserait de l'injustice commise envers autrui. Ainsi la violation du droit des collatéraux, en matière de fondations pieuses, ouvrait la redoutable brèche par laquelle le collectivisme révolutionnaire se promettait déjà de passer, afin d'interdire à l'époux, au frère, au neveu, au cousin, tous héritiers collatéraux, l'héritage du patrimoine familial. Et une flamme luisait dans les yeux profonds de l'homme de la terre. Que la franc-maçonnerie prenne garde à cette lueur! »

M. Pierre Lenail termine en affirmant la volonté tenace de l'A. L. P. de Lyon, de défendre ses idées et ses adhérents sans jamais reculer. Vaincus, nous le serons plus d'une fois encore, mais découragés, oh! non. Et il faudra bien que vienne le jour où il la victoire qui, grâce à Dieu, n'est pas aux ordres de l'adversaire, couronne définitivement en France l'effort de tous ceux qui, pour la liberté de leur foi et de leur pays, n'auront jamais consenti à déserter la lutte où le chef tient le drapeau si haut. (*Vifs applaudissements.*)

A M. Lenail, que l'assistance a écouté avec une sympathie croissante, succède M. Saint-Yves :

DISCOURS DE M. DE SAINT-YVES

M. Saint-Yves déclare tout d'abord qu'il est très embarrassé, car un orateur qui parle le dernier est toujours embarrassé et il l'est d'autant plus que le sujet qu'il voulait traiter, la décentralisation et le régionalisme, a été abordé dans les termes les plus heureux par un orateur comme M. le Président général. Il en parlera cependant, le sujet offrant en lui-même le plus vif intérêt et, en outre, comme il est le délégué du Comité-Directeur dans le Midi, il ne doit pas oublier combien cette question tient à cœur aux Méridionaux.

« Ce n'est pas une simple question de suppression de sous-préfets, dit-il, elle ne se réduit pas à quelques modifications administratives allégeant plus ou moins le budget, mais en sa solution réside la conciliation des traditions du passé et des espoirs de l'avenir. Par une belle journée d'été, si vous vous promenez dans la campagne, vous vous sentez enveloppé par des fils presque invisibles, fils d'argent ténus que l'on a appelés les fils de la Vierge; eh bien ! les traditions d'un pays, ce sont les fils de la vierge auxquels ses enfants ne peuvent pas échapper. Plaignons ceux qui ne gardent pas pieusement la tradition au fond de leurs cœurs; plaignons-les parce qu'ils n'ont pas senti toute la poésie du sol natal, du terroir d'origine..... Le régionalisme, c'est la reconstitution de l'amour national sur les bases de la tradition et du progrès. Vous ne ferez jamais rien de durable et de fécond dans un pays, quand vous romprez avec le passé et quand vous ne regarderez pas en même temps vers l'avenir : la conciliation du passé et de l'avenir donne à une nation la grandeur et la force. »

M. Saint-Yves répond à l'objection faite aux régionalistes qu'ils sont des réactionnaires car ils veulent reconstituer les provinces de l'ancien Régime : ils ne sauraient le faire, car, comme l'orateur le montre, ces provinces n'ont jamais existé que dans notre imagination. « Il n'y a jamais eu, dit-il, de provinces dans l'ancien Régime, ou en tout cas, elles étaient si peu définies que l'on n'a jamais pu connaître exactement leur nombre : lorsque l'Assemblée Constituante a essayé de le savoir, les uns ont dit qu'il y en avait 32, d'autres 34, d'autres 36, d'autres 37. Le terme province n'était employé exactement qu'en matière ecclésiastique, au point de vue des divisions archiépiscopales. Au point de vue militaire, la France était divisée en gouvernements; au point de vue administratif, en généralités ou intendances; au point de vue judiciaire, en baillages, et certes nous ne voulons pas reconstituer cette organisation si compliquée d'avant la Révolution. »

L'orateur est très applaudi lorsqu'il montre la persistance de l'âme régionale dans le pays breton dont sa famille est originaire : « Quand on veut toucher à notre indépendance bretonne, dit-il, nous sentons notre cœur battre plus fort, car notre province, nous l'aimons d'un amour immense, nous l'aimons dans son sol, dans son océan furieux qui déferle contre ses falaises de granit, dans ses landes, dans ses forêts, dans ses dolmens; nous l'aimons dans ses traditions, dans ses légendes, que l'on raconte le soir à la veillée en buvant du cidre doux, nous aimons notre pays parce que nous en sentons l'âme, et nous disons, qu'est-ce que c'est que ces histoires-là : département d'Ille-et-Vilaine, des Côtes-du-Nord, du Finistère? nous ne connaissons que notre Bretagne et nous l'aimons parce que nous sommes de bons Bretons et si nous sommes de bons Bretons, nous serons de bons Français ! »

M. Saint-Yves termine son discours par la péroraison suivante :
« Il me vient à l'esprit une comparaison : lorsque je parcourais les steppes de Sibérie, j'ai assisté à une scène qui m'a vivement impressionné et que vous connaissez vous aussi, puisqu'elle a été mise au théâtre. La neige recouvrait encore la plaine immense, les rivières avaient conservé leur cuirasse

de glace ; paysans, déportés, ceux qui allaient suivant l'expression de Dostoïewski vers « la maison des morts », jeunes et vieux, pauvres et riches, en ce cadre hivernal, s'abordaient avec émotion, avec effusion, échangeant le traditionnel salut de la Pâques russe : « Christ est ressuscité ! »

« Eh bien ! je pensais tout à l'heure que le rêve que nous devons faire, c'est que ceux qui viendront après nous puissent s'aborder un jour en se donnant la main et en criant : « France est ressuscitée ! » une France jeune, généreuse, imprégnée d'idéal et d'amour, joignant les traditions du passé aux espérances de l'avenir, une France agrandie et élargie, une France ressuscitée avec tous les héroïsmes de ses capitaines, le dévouement de ses citoyens, une France pétrie de bonté et telle que nous puissions dire que cette France ressuscitée enveloppe le monde d'un voile indéfini de généreuse humanité, que nous puissions nous tourner vers tous ceux que nous aurons secourus, délivrés et leur répéter : nous ne travaillons pas pour nous, mais pour cette France que nous aimons de tout notre cœur, dont nous connaissons la noble histoire, que nous trouvons le plus beau pays du monde, le plus beau qui soit sous la voûte des cieux, celui dont le sol est le mieux constitué, le climat le plus tempéré, la végétation la plus variée, le pays qui a tout pour être prospère si ses enfants savaient unir leurs efforts.

« Et c'est parce que nous l'aimons de cet amour intense que nous vous disons encore : Travaillons ensemble, non pas à de simples victoires électorales, mais à la résurrection de la France, à la résurrection de la Patrie ! » (*Applaudissements prolongés.*)

La séance est levée à onze heures.

PREMIÈRE JOURNÉE

Vendredi 8 Novembre 1907.

SÉANCE TENUE DANS LA SALLE FRANKLIN

L'ENQUÊTE AGRICOLE

SÉANCE DU MATIN

Présidence de M. DE GAILHARD-BANCEL, député.

M. de Gailhard-Bancel, député de l'Ardèche, dont on connaît la haute compétence en matière économique et agricole montre la nécessité de l'enquête à laquelle veut se livrer l'A. L. P. et qui a occasionné l'envoi du questionnaire aux Comités.

C'est la première fois, dit-il, que les questions agricoles sont portées à l'ordre du jour de nos Congrès. L'A. L. P. ne prétend pas apporter des réponses toutes faites ou des solutions intangibles à tous les problèmes posés, mais, au moment où le socialisme cherche à conquérir les masses agricoles réfractaires jusqu'à présent à cette propagande, il est utile de les éclairer, de les instruire, d'autant plus qu'elles sont trop souvent trompées sur leurs intérêts et même leurs besoins.

Il importe en conséquence de demander à nos comités leur collaboration et leur concours : voilà pourquoi nous provoquons de leur part des réponses étudiées et précises au questionnaire rectifié qui leur sera envoyé par le comité directeur.

La parole est ensuite donnée à M. Maze-Sencier pour la lecture de son rapport.

RAPPORT DE M. MAZE-SENCIER

I

L'intérêt profond que l'A. L. P. porte aux Classes agricoles l'a engagée cette année à ouvrir une vaste enquête, destinée à l'éclairer davantage sur les besoins, les doléances et les aspirations des milieux ruraux.

2

La question a une ampleur trop considérable et une importance trop vitale pour ne pas être étudiée et suivie avec un soin tout particulier : une simple manifestation de sympathie, toute sincère qu'elle fût, ne nous suffirait pas. Nous voulons procéder à une étude sérieuse, d'où doivent découler en faveur des travailleurs agricoles et pour l'amélioration de leur sort des résolutions pratiques et des résultats effectifs.

Quand nous traitons des questions ouvrières et industrielles, nous avons toujours spécifié qu'en parlant des travailleurs nous entendons désigner à la fois et les patrons et les ouvriers, les uns et les autres sous une forme différente peut-être, mais de façon essentielle appartenant au monde du travail.

Dans le domaine des questions rurales, en désignant les membres des classes agricoles, nous entendons désigner tous ceux qui, d'une manière quelconque, ont leur vie, leurs espérances, leurs intérêts et leurs travaux rivés à la terre et aux choses de la terre. Dans notre pensée qui demeure toujours et quand même, au milieu des passions les plus exaspérées une pensée de concorde et de pacification, nous voulons établir que tous les intérêts de tous les membres de la grande famille agricole sont pour ainsi dire soudés ensemble et que par le jeu des répercussions inévitables et nécessaires, la prospérité des uns est attachée à la prospérité corrélative des autres.

Ceci posé, nous regretterons au début le malentendu qui semble ressortir de la majorité des réponses faites au questionnaire. Nous ne demandions pas dès maintenant une réponse détaillée aux questions posées, mais bien une appréciation du questionnaire lui-même, des indications raisonnées sur les suppressions ou les additions nécessaires, sur les lacunes ou les inutilités de certaines interrogations, sur l'opportunité de certains desiderata, sur l'ordre ou la classification à adopter. Trop peu de nos correspondants nous ont suivi sur ce terrain que nous avions eu grand soin de délimiter pourtant, et la plupart, dès maintenant, sont entrés dans le vif du sujet! Nous conservons avec soin tous ces travaux qui nous seront ultérieurement d'un grand secours. Quelques-uns cependant nous ont intégralement compris. Ceux-ci, avec un véritable enthousiasme, estiment que le questionnaire est aussi utile que complet, aussi intéressant que bien conçu; ceux-là, avec une précision et une franchise dont nous les remercions, nous ont très nettement fait leurs critiques et leurs observations. Nous les signalerons au cours de ce rapport.

II

Ces considérations nous amènent à vous soumettre les mobiles auxquels nous avons obéi nous-mêmes en vous adressant le présent questionnaire tel qu'il se trouve rédigé.

Il nous a paru que le moment était venu d'entreprendre une enquête de cette nature, sérieuse et loyale. C'était répondre ainsi d'abord de manière péremptoire à plusieurs de nos adhérents ruraux trop disposés à croire, lors de nos précédents congrès, quand nous étudiions certains grands sujets généraux tels que le contrat de travail, l'organisation professionnelle, la capacité des syndicats, que nous négligions le point de vue agricole, comme si les intérêts des travailleurs en général, de tous les travailleurs, n'étaient pas indissolublement liés.

C'était en outre, pour nous, à l'heure où la propagande socialiste s'exerce dans les campagnes d'une manière si active et si méthodique, l'occasion de signaler les dangers d'une telle propagande.

L'année dernière, presqu'à la même époque, le parti socialiste dans les grandes assises qu'il tenait à Limoges décidait qu'il fallait à tout prix conquérir à lui les masses puissantes et solides de la terre, réfractaires jusqu'à ce jour, sachant bien qu'après tout, l'âme profonde et sérieuse du pays se trouvait dans cette agglomération réfléchie des terriens. Le parti socialiste a compris qu'il n'avait pas de plus irréductibles adversaires que ces hommes laborieux et pratiques, silencieux et patients dont le rude bon sens, dont l'esprit de prudence et de méfiance ne s'émeuvent pas au son des paroles ou des promesses les plus pompeuses et il a résolu de les conquérir à lui.

Avec cette ardeur d'apostolat que rien ne rebute, qui demeure l'une de leurs meilleures forces, et qui explique beaucoup de leurs succès, les socialistes ont donc entrepris la conquête de ce qu'ils nomment l'âme paysanne; ils ont agi par des flatteries, par des mensonges, par des menaces, en exploitant les sentiments les moins nobles, en excusant les pratiques les plus coupables et les appétits les plus dangereux; ils ont agi par la parole, par la presse, au moyen de conférences, de tracts, de journaux. Ils nous diront peut-être qu'ils sont mûs par un sens intime de pitié ou de commisération et qu'il nous est interdit de suspecter leurs intentions; soit, mais rien n'excuse en tous cas leurs procédés qui tendent à inculquer des doctrines de haine et de désagrégation sociale.

Nous qui avons également au fond du cœur des pitiés inépuisables et qui pour nos frères les moins heureux, penchés sans cesse vers le sol dans un labeur épuisant, ressentons des tendresses et des sympathies infinies, au nom même de cette affection, nous avons le devoir de signaler les manœuvres entreprises, de nous renseigner sur elles, de contrôler les indications de nos adversaires et de clamer de toutes nos forces à ceux qu'on veut attirer ainsi, le danger du *piège* qui leur est tendu. Et que ce mot de *piège* ne vous semble pas trop fort, si méprisant soit-il. Au congrès socialiste de Breslau, le Dr Schliepel, un socialiste cependant, signalait à son parti comme un danger tous les amateurs de surenchère, « ces déloyaux charlatans », disait-il « danseurs de corde » « dresseurs de *pièges à paysan* ». « Dresseurs de pièges à paysan », l'épithète leur restera comme une marque indélébile.

Vous comprendrez mieux maintenant l'un des côtés et l'une des raisons de notre enquête, qui vous apparaîtra comme un acte d'avertissement et comme un moyen de défense.

La tactique socialiste est la suivante :

Il faut dire au métayer qu'il verse à son propriétaire des dîmes odieuses.

Il faut dire au fermier qu'il solde des loyers exorbitants.

Il faut dire au petit propriétaire qu'il est chargé de dettes hypothécaires écrasantes et qu'en réalité, il n'est plus propriétaire que de nom.

Au journalier, à l'ouvrier agricole, il faut prouver qu'il est indignement exploité.

Il faut en un mot provoquer une puissante et irrésistible colère sous la poussée de laquelle l'expropriation générale des biens sera décrétée. Les socialistes, s'il ne s'agissait que d'exproprier les biens capitalistes, compteraient sur l'effet de leur campagne de haine et d'envie, mais ils savent que pour en arriver à constituer la *propriété sociale*, ils devront obtenir du petit propriétaire qu'il joigne sa parcelle de terre aux propriétés appartenant à la société.

Or, ces parcelles sacrées que le paysan a reçues de l'héritage paternel et qui se sont parfois transmises d'âge en âge ou qu'il a gagnées et conquises à la sueur de son front, ces parcelles compactes qui composent en réalité la plus grande partie de la France, ces parcelles si convoitées par eux, les socialistes ne les détiennent pas encore.

L'un des pontifes du socialisme agraire, le Dr Kautszky se demandant un jour quelles classes d'individus les socialistes devaient protéger à la campagne, répondait avec sa rude franchise : « Nous défendrons les journaliers et les domestiques; non le petit paysan qui est le plus ferme appui de la propriété. » Et il ajoutait avec un véritable dépit : « Nous ne les gagnerons jamais, ces petits propriétaires! (1) »

Leurs sophismes toutefois n'ont pas été sans provoquer déjà certains troubles et certains mouvements significatifs. Les grèves du Soissonnais et de la Brie; les grèves des bûcherons du Cher et des résiniers des Landes en particulier témoignent d'un malaise réel.

Nous avons le devoir en tout cas, sur ce point particulier comme sur beaucoup d'autres, de nous éclairer et de vous éclairer vous-même en toute impartialité et conscience.

III

Voilà pourquoi nous avons cherché dans de si nombreuses questions à nous renseigner avec la plus grande minutie.

Voilà pourquoi nous vous demandons par exemple dans vos communes respectives la situation de la propriété, son état hypothécaire et le mode d'exploitation.

Quelques-uns d'entre vous recherchent ce qu'il faut entendre par grande, moyenne et petite propriété, nous nous hâtons de reconnaître que de semblables précisions, fort difficiles en elles-mêmes, sont en fait toujours un peu arbitraires.

Toutefois dans un but de simplification et pour faciliter les réponses, nous vous proposons d'adopter sur ce point la classification le plus souvent admise dans les statistiques. Les propriétés sont cataloguées petites, moyennes ou grandes, suivant qu'elles comprennent de 0 à 10 hectares, de 10 à 100 hectares, ou plus de 100 hectares. Il est entendu que les terrains laissés en friches et qui ne peuvent être cultivés, les bruyères, marais, tourbières ou que les propriétés à rendement intensif, telles que les vignobles, les cultures potagères et maraîchères, certaines banlieues urbaines, restent en dehors de ces subdivisions et donnent lieu, s'il est nécessaire, à des observations particulières.

On nous engage également à faire de la question des biens communaux un chapitre spécial. La situation des biens communaux et celle de la propriété particulière diffèrent à tant de points de vue, qu'il faut éviter les confusions trop faciles à produire. On risquerait d'être trompé sur la véritable situation agricole du pays, si l'on appliquait à la propriété particulière les renseignements transmis sur la propriété communale.

Cette observation du comité de Mauziat semble juste et nous vous la transmettons.

Enfin, remarque l'un d'entre vous, à côté des biens communaux proprement dits, il existe en certaines communes des terrains où la vaine pâture est autorisée après l'enlèvement de la première récolte. Ne serait-il pas intéressant de connaître le mode de jouissance, les avantages et les inconvénients d'un tel système?

Nous vous interrogeons, vous l'aurez remarqué, sur l'évolution actuelle de la propriété, qui, malgré la thèse des socialistes, semble évoluer de jour en jour davantage dans le sens de la petite propriété. L'importance de cette évolution est considérable. Nous vous la signalons et nous vous demanderons, sur l'insistance d'un de vos comités, d'en déduire avec nous les conséquences économiques.

IV

Un chapitre important du questionnaire est consacré à étudier les raisons que l'homme de la campagne peut avoir de quitter le champ natal ou d'y demeurer fidèle.

(1) Cité dans l'*Utopie socialiste*, par M. DE SEILHAC (Bloud).

Sa situation hygiénique et physique et sa situation matérielle et morale, ses salaires sont-ils satisfaisants? Trouve-t-il à s'occuper pendant les mois d'hiver? N'a-t-il pas à souffrir de certains fléaux, vagabondage, mendicité, alcoolisme qui ravagent certaines contrées? Lui inculque-t-on un enseignement qui développe en lui l'amour de la terre et jusqu'à un certain point la science de la terre? A-t-il compris la puissance qu'il peut trouver dans l'association des forces isolées?

Autant de questions, si nous les résolvons par l'affirmative, qui expliquent la permanence du terrien sur son sol. Autant de questions au contraire qui résolues par la négative excusent et justifient l'émigration incessante de certains ruraux vers la ville, « la ville tentaculaire et béante », comme le gouffre obscur d'où l'on ne revient jamais.

Dans le groupe de ces questions, on nous signale certaines omissions que nous nous empresserons de réparer. Il y a lieu de rechercher, nous dit-on, quelles ont été, en matière d'émigration vers les villes, les conséquences des lois militaires.

D'une manière générale, il importe aussi d'étudier le mouvement de la natalité dont la décroissance est un si grand péril national.

Vous vous êtes également demandé s'il ne serait pas possible d'intéresser le travailleur de la terre à l'entreprise, de manière à l'attacher davantage au sol; ne pourrait-on, par exemple, en plus du salaire, lui donner un intérêt dans le produit de l'exploitation?

Question intéressante entre toutes et bien digne d'être approfondie par vous, quand on songe à toute cette masse de paysans, à cette race vaillante et forte qui a fait la France si grande dans le passé et qui la rend encore, malgré les folies actuelles, si forte dans le présent.

Enfin, de plusieurs côtés, on nous prie d'insister, et nous insistons tout spécialement nous-même, sur les conséquences de la législation en matière d'accidents agricoles.

« Un fait domine actuellement la question des assurances agricoles. C'est l'imminence de l'assujettissement des exploitations agricoles à la législation sur les accidents du travail (1). »

Faut-il appliquer à l'agriculture d'une manière générale le système de la loi de 1898? Faut-il, au contraire, par une loi spéciale, appropriée aux conditions particulières, réglementer les accidents agricoles? Dans un mémoire du plus haut intérêt, votre Comité d'Auteuil, commentant les *desiderata* de la Société des Agriculteurs de France et de l'Union des Syndicats agricoles, s'arrêtait à ce dernier parti. C'est également ce que préconisait le récent Congrès des Syndicats agricoles d'Angers.

V

La gravité des événements actuels dans les régions viticoles rappelle, dans toutes les circonstances de la vie agricole, l'importance du point de vue économique; l'histoire de toutes les crises qui ont, à des époques différentes, pesé si lourdement sur certaines régions ou sur l'ensemble du pays a son origine le plus souvent dans des raisons économiques profondes: il importait que nous fussions éclairés à ce sujet; voilà pourquoi nous vous avons interrogés sur la vente des produits agricoles et sur la marche des prix, estimant que dans la mesure du possible nous devions, en toute bonne foi, rechercher les moyens d'apaiser des crises aussi douloureuses.

(1) Rapport du Comité d'Auteuil.

VI

D'une part, nous chercherons à nous éclairer nous-même, à provoquer vos confidences, vos plaintes que nous savons souvent légitimes; d'autre part, nous pensons, qu'en présence de toutes vos revendications, nous aurons pour devoir de vous éclairer également.

Cette enquête, sur les conditions de la terre et sur les conditions des terriens, doit nous permettre d'élaborer un programme agraire, d'ébaucher un plan d'action et d'organisation qui prouve aux hommes réfléchis et sincères l'intensité de notre bon vouloir et de nos efforts en vue d'améliorer les conditions des classes laborieuses.

Il faut établir, non plus seulement par des paroles, mais par des actes, que le parti libéral est préoccupé des difficultés parfois si dures au milieu desquelles se débattent les membres si intéressants de la grande famille agricole.

Nous estimons que la France rurale n'a pas, dans le pays, une influence proportionnée à la place qu'elle occupe.

Comme les socialistes, mais pour des raisons différentes, nous estimons qu'elle n'est pas consciente de sa force, puisque les politiciens la dominent; quand, au contraire, c'est elle l'incarnation de la Force, de la Permanence, de la Durée, de la Solidité qui devrait dominer de tout son poids et de toute son autorité la race mouvante des politiciens.

En étudiant l'histoire, on arrive fort bien à comprendre qu'une des erreurs des régimes disparus, dont un passé de grandeur séculaire atteste cependant la puissance, fut d'avoir gouverné, sinon contre la classe rurale, tout au moins sans elle.

En attirant à Paris, loin d'une vie stable, exemplaire et traditionnelle, les représentants naturels de la classe rurale, le Pouvoir Central commit une faute irréparable. Aujourd'hui la même erreur historique recommence, mais décuplée, aggravée par l'égoïsme général. La masse paysanne elle-même, troublée, trompée et corrompue par l'appât des places, des faveurs et des situations qui deviennent la rançon des pires marchandages électoraux, abandonne les champs et dans un exode incessant va grossir dans les faubourgs des villes la troupe sans nom des déracinés.

On aboutit ainsi fatalement à un système dont le seul but, ou tout au moins le seul effet, est d'enlever à l'agriculture des forces vives au lieu de lui en inculquer de nouvelles.

C'est contre les dangers d'un tel système que nous protestons et que nous voudrions nous préserver.

En poursuivant cette enquête, nous cherchons et nous ne nous en cachons nullement, à provoquer un rayonnement plus grand encore et plus pénétrant de l'idée agricole elle-même : nous voulons établir publiquement, solennellement, si j'ose m'exprimer ainsi, que l'occupation agricole est l'une des plus belles, l'une des plus dignes d'attirer, d'absorber l'activité humaine, que la vie rurale nous apparaît comme une des plus complètes, une des plus grandes qui puissent être vécues, où les plus nobles qualités de l'intelligence, de l'initiative et de l'énergie trouvent leur meilleure utilisation.

VII

Enfin, si, par cette enquête, nous avons sollicité des ruraux des éclaircissements et des indications, nous revendiquons aussi très nettement le droit de leur donner, nous aussi, certains conseils, aussi nécessaires que désintéressés. Nous cherchons à renseigner les populations des campagnes sur leurs véritables intérêts, sur les moyens qui leur permettront d'améliorer leur état matériel et social et d'arriver à une rémunération plus équitable de leur travail; nous cherchons enfin à les inciter à toutes les œuvres de prévoyance qui adoucissent la vie, et en dernière analyse font aimer la terre. Nous dirons enfin à ceux qui veulent bien nous écouter qu'ayant des armes à leur disposition, ils les utilisent, qu'ayant des moyens de se défendre, ils en usent.

C'est ainsi que nous avons groupé en une dernière question, dans un bloc d'ensemble, tous les moyens et procédés qui nous ont paru de nature à donner satisfaction à certaines doléances des classes agricoles.

L'agriculture, aujourd'hui, à la suite des progrès de la science, est devenue une véritable industrie, et, comme toute industrie, doit être protégée : elle doit pouvoir lutter sans être écrasée par la concurrence étrangère; d'où l'élasticité nécessaire du jeu dans l'application du tarif des douanes, l'utilité d'un développement continu dans les moyens de communication et de transport, la nécessité de rendre moins onéreux les tarifs de transport, de réprimer sans merci les fraudes dans la vente des denrées. Il y a sur tous ces points une législation protectrice, insuffisante peut-être, sujette à remaniement sans doute, mais dans laquelle, à beaucoup d'égards, les agriculteurs, mieux informés, peuvent trouver des indications et un concours précieux.

L'impôt, sous toutes ses formes, est le grand ennemi du cultivateur qui voit trop souvent passer en frais de toute nature le produit de son travail. Sur ce point, de larges réformes s'imposent dans le but de répartir plus équitablement les charges fiscales qui écrasent certains contribuables. Il n'est que trop juste de demander aux agriculteurs leurs *desiderata* et de chercher avec eux le remède à leurs doléances.

Vous savez, sur ce point, le dévouement absolu de vos représentants.

Il y a bien des années déjà, dans un de ses discours remarqués, votre éminent président général, en juillet 1898, prenant en main, comme toujours, la cause rurale, constatait, en s'appuyant sur les dossiers de la dernière enquête agricole officielle, que les charges de l'agriculture étaient de 31 %. Il en concluait que des mesures de protection nouvelles s'imposaient et, lors de la discussion du projet de loi relatif aux contributions directes et aux taxes assimilées de l'exercice 1899, M. Piou déposait un amendement à l'article 1ᵉʳ aux termes duquel il est accordé, pour l'exercice 1899, un dégrèvement de 15 millions sur les contributions foncières des propriétés non bâties. Cette somme devait être affectée à dégrever de la moitié les cotes foncières de 20 à 75 francs.

L'agriculteur isolé végète trop souvent par manque d'outillage; il n'est outillé ni pour produire, ni pour vendre; il ne peut se procurer les matières premières, animaux ou instruments, ni exploiter utilement les éléments de production dont il dispose; les capitaux lui manquent; la dette qui pèse lourdement sur la terre lui devient un obstacle insurmontable. A cet agriculteur, nous rappellerons l'utilité du crédit agricole sous toutes ses formes, nous lui dirons les bienfaits des caisses rurales et des caisses de crédit; nous lui rappellerons que les sociétés de crédit agricole avancent les fonds nécessaires, soit sous forme de prêt individuel, soit directement aux collectivités agricoles et syndicales; nous lui révélerons la puissance de l'association. Les socialistes la prônent parce que, disent-ils, de conséquence en conséquence, elle doit conduire à la propriété collective; nous la vantons, au contraire, parce que, dans notre pensée, elle offre une solution pacifique de tous ces conflits sociaux trop faciles à prévoir.

Le syndicat se présente à nous comme un remède efficace aux faiblesses de l'individu isolé : il remédie à son défaut d'instruction professionnelle, il lui procure des matières premières et des débouchés, il atténue les dangers de la concurrence. Aujourd'hui, dans le domaine agricole, la question commerciale demande à être de plus en plus étudiée; il faut organiser, au point de vue industriel et commercial, les forces économiques de l'agriculture et constituer dans ce but des groupements nouveaux. Où trouver les éléments de ces groupements sinon dans le mouvement syndical agricole?

Où trouver enfin ailleurs que dans le syndicat un auxiliaire plus utile et plus puissant pour le développement des institutions d'assistance et de prévoyance?

Comment organiser à côté de services matériels toute cette floraison de services sociaux ou moraux, nécessaires pour attirer et retenir ceux qui se plaignent et ceux qui souffrent?

Et si quelque doute encore pouvait subsister dans votre pensée sur ce point, vous n'auriez qu'à consulter l'homme éminent qui préside aujourd'hui votre réunion, et qui, dans un livre où transparent toute la bonté de son cœur et tout son dévouement, vous dira mieux que tout autre ce qu'il est possible de réaliser et de faire pendant *quinze années d'action syndicale.*

Nous recommanderons aussi à toute l'attention des classes agricoles les résolutions de ce premier Congrès international de la coopération tendant « à l'adoption des méthodes coopératives comme un moyen pratique d'atténuer le mal présent et de préparer un meilleur avenir. »

Bref, nous vous demandons, et avec une insistance toute particulière, d'étudier sous toutes ses formes la mutualité agricole et ses bienfaits, de voir quels services les assurances incendie-accidents ou bétail peuvent être appelées à vous rendre. L'assurance est évidemment une des grandes protectrices de l'avenir et le rôle tutélaire qu'elle est appelée à jouer deviendra, chaque jour, plus évident et plus impérieux. Nous vous demandons de nous confier vos vues sur les moyens de créer des caisses de retraite et de secours, de multiplier de toutes façons les institutions d'épargne, de prévoyance et d'assistance. Si notre questionnaire n'a pas été plus explicite, c'est que, par la force des choses, nous avons dû nous borner. mais nous aurions été bien peu compris si nous n'avions pas fait sentir l'importance essentielle, l'importance primordiale que nous attachons à ces questions vraiment vitales et régénératrices.

Nous avons, dans l'efficacité et dans le rayonnement de toutes ces institutions qui reposent au fond sur l'amour et le sacrifice, la foi la plus complète et la plus désintéressée.

Aux socialistes qui rêvent d'organiser le prolétariat en parti de classe dans les groupes politiques, dans les syndicats professionnels, dans les coopératives, nous opposerons une conception toute différente. Nous chercherons à réaliser la fusion des classes par les sacrifices nécessaires de part et d'autre.

VIII

En résumé, dans cette enquête qui doit permettre à l'*A. L. P.* de rédiger, pour ainsi dire, les nouveaux cahiers agricoles du pays, nous avons pour objectif de réunir les documents de toutes sortes, de centraliser les éléments de toute nature qui nous permettront de constituer, en connaissance de cause, en réponse à vos doléances, un programme agricole acceptable et pratique.

Nous vous rappelons seulement que sans votre collaboration la plus étroite, et sans votre concours le plus précis, il nous est impossible de mener à bien une telle étude. Il ne nous suffirait pas de vous signaler l'importance de certaines questions si vous ne voulez pas les étudier avec nous. Ce questionnaire vaudrait d'être étudié par vous dans vos Comités d'une façon particulière. Pourquoi, dans le cours des veillées d'hiver, ne provoqueriez-vous pas dans vos réunions, cercles d'études, groupes divers, des séances particulières, exclusivement réservées à l'étude de tel ou tel point? Pourquoi ne désigneriez-vous pas des commissions spéciales, et devant l'importance de la tâche ne procéderiez-vous pas en divisant le travail? Que l'importance de la besogne ne vous effraie pas, et ceux qui ne peuvent répondre à toutes les interrogations choisiront les sujets qu'ils connaissent de préférence ou sur lesquels il leur est plus aisé de procéder à des recherches ou à des enquêtes.

Vous nous adresserez ensuite avec pièces justificatives le compte rendu de vos travaux. Vous nous fournirez ainsi les matériaux nécessaires pour établir sérieusement notre enquête.

Ce travail ainsi compris donnera un double résultat. Il imposera à nos adhérents un véritable effort personnel et attirera leur attention sur des questions multiples auxquelles, dans la facilité ou dans la monotonie des existences rurales, on n'attache qu'une importance insuffisante.

Il pourrait, en outre, s'en dégager des conclusions d'un réel intérêt et, par suite, un résultat tangible pour vous et destiné à se traduire en avantages effectifs.

Secondée d'un côté par un Comité de Contentieux qui comprend, vous le savez, les jurisconsultes les plus éminents et les plus distingués et par un groupe parlementaire éclairé, l'A. L. P., qui attache une attention de plus en plus soutenue aux questions d'affaires, estime que vos revendications légitimes doivent être écoutées et doivent, sous forme de propositions de lois, recevoir la satisfaction qui leur est due.

Certes, il ne s'agit pas de faire miroiter à vos yeux l'approche d'un âge d'or qui comblera tous vos vœux. Il s'agit uniquement de vous donner l'impression très nette et très profonde que vous avez désormais devant vous, non plus seulement des hommes de promesses et des diseurs de paroles, mais, comme le disait Roosevelt, des hommes d'actes qui ont pris en main et à cœur surtout la cause supérieure des hommes de la terre.

Nous ne vous promettrons pas des bouleversements immédiats d'où surgiraient pour vous des prospérités inattendues et subites; on ne nous croirait pas : on sait à la campagne le prix et la valeur du temps, on sait que les œuvres durables et fortes sont des œuvres continues qui demandent de longs efforts et de longues patiences.

Nous vous promettrons ces efforts et ces patiences que rien ne lassera pour vous rendre plus heureux et meilleurs.

Nous croirons ainsi avoir fait œuvre française et patriotique entre toutes, car notre but supérieur est encore de faire mieux aimer, et d'un plus vif amour, ce sol nourricier de la France, cette terre admirable et généreuse entre toutes, qui, dans le perpétuel renouveau de ses fécondités intarissables, donne le sens de la stabilité et de la force, donne la raison d'être des pires efforts, demeure la meilleure école d'énergie et d'endurance, et qui, par l'âpre amour dont elle anime ses enfants, donne confiance et crédit dans la beauté et dans l'utilité de la vie. (*Applaudissements.*)

A l'issue de ce rapport, sur l'initiative de M. DE GAILHARD-BANCEL, une discussion s'engage entre les congressistes : MM. DE CATHEU, RENAUD, DUCURTYL, DE VARINAY, CUVILLIER, MAZE-SENCIER échangent, sur le MÉTAYAGE, des vues variées, que M. DE VARINAY a, pour ainsi dire, résumées dans les considérations suivantes :

Le métayage est le mode de culture incontestablement le plus à recommander tant aux propriétaires qu'aux cultivateurs. Et cela pour plusieurs raisons d'ordre absolument divers.

1° Le métayage est *plus équitable...* Le propriétaire et le cultivateur profitent également et ensemble des bonnes années et souffrent ensemble et également des mauvaises.

2° Le métayage est *plus social*... Pour un métayer, le propriétaire (qui a du tact) devient un associé qui l'aide à s'enrichir. Pour le fermier (même brave homme) le propriétaire a une tendance à devenir l'ennemi, qui profitera de son travail et des améliorations faites à la propriété. Car le fermier redoute toujours, en fin de bail, une augmentation de fermage.

3° Le métayage est *plus productif*... En effet, l'expérience prouve que le propriétaire voit ses revenus augmenter de 20 p. 100, environ, quand il passe du fermage au métayage.

Les raisons sont simples à comprendre :

a) Le cultivateur est poussé, dirigé, secoué de son apathie naturelle et de sa routine plus ou moins invétérée.

b) Le cultivateur n'est plus arrêté dans son exploitation par le manque de fonds, puisque le propriétaire, en général (et ceci est très important), lui fait toutes les avances nécessaires.

4° La propriété soumise au métayage *augmente de valeur*, c'est-à-dire s'améliore (ou tout au moins se maintient à sa valeur maxima, si elle atteint ce maximum).

En effet, le cultivateur ne peut plus abuser de la terre et lui faire produire plus qu'il ne serait raisonnable, sans lui rendre en travail, et en engrais surtout, ce que des récoltes plus abondantes lui ont enlevé.

Nota. — Ce fait se produit surtout dans les dernières années d'un bail de fermage, ou dans le cours d'un bail, quand le fermier a des besoin d'argent.

Mais pour que le métayage (toujours d'ailleurs, à mon avis, supérieur au fermage) produise *son maximum d'effet utile*, deux conditions sont nécessaires :

a) Il faut que la famille du métayer soit nombreuse, car, alors, le double problème de la rareté et de la cherté de la main-d'œuvre est pleinement résolu.

b) Il est indispensable que le propriétaire habite au milieu de ses terres ou tout au moins qu'il s'intéresse activement à la production de ses terres. Qu'il suive, conseille, dirige souvent son métayer et surtout qu'il ne lui refuse jamais les avances d'argent pour acheter un plus nombreux bétail (s'il a de quoi les nourrir), des engrais chimiques (s'il ne produit pas assez de fumier, ce qui est le cas général), des instruments aratoires enfin (si ces derniers sont simples, solides, c'est-à-dire vraiment pratiques).

La question de l'ACCESSION DES OUVRIERS AGRICOLES à la propriété et de la lutte contre le socialisme et de l'amélioration du sort du prolétariat étant soulevée, M. DUCURTYL estime que ces trois questions peuvent être tranchées par le métayage.

A l'appui de ses dires, l'orateur cite l'exemple des grandes propriétés de la région lyonnaise que l'on a divisées pour les faire exploiter par des métayers.

Partout on a obtenu un véritable succès, et les métayers, qui avaient été choisis généralement parmi des gens ne possédant rien, ont vu leur sort très considérablement amélioré.

Ce mouvement du métayage est le meilleur moyen d'enrayer les progrès du socialisme, puisque les gens qui n'avaient rien arrivent à posséder un cheptel important.

M. DE GAILHARD-BANCEL, tout en insistant également sur l'utilité et les bienfaits du métayage, rappelle que si les institutions et les lois ont une importance indéniable pour l'amélioration du sort de tous, rien ne remplace l'initiative individuelle, et il en préconise l'indispensable utilité : cette observation venait en réponse à la communication très intéressante de M. MARTIN sur la nécessité de l'accession des classes laborieuses à la propriété. Le petit propriétaire est le meilleur rempart contre les doctrines de désagrégation et de destruction sociale que les collectivistes cherchent à répandre aujourd'hui.

A la question du métayage, M. Deniau demande à joindre la question des syndicats; il désire qu'il soit fondé le plus grand nombre de petits syndicats agricoles. M. Piou insiste tout particulièrement pour que les œuvres sociales agricoles prennent la plus grande extension. Ces œuvres-là, dit-il, qui demandent un désintéressement absolu, une volonté très arrêtée de ne jamais songer à soi et de toujours songer aux autres, seront pour l'A. L. P. une grande force et un grand honneur.

M. Flornoy insiste également sur la nécessité pour les membres de l'A. L. P. de prendre la tête du mouvement social. Ne craignons pas, dit-il, tout en ouvrant largement nos œuvres à tous, tout en fondant le plus possible des institutions utiles à l'amélioration du sort de tous, de manifester publiquement notre pensée chrétienne et sociale.

M. Ducretyl, un des membres les plus autorisés de la grande Union des Syndicats du Sud-Est, rappelle que, s'il faut créer et développer les œuvres sociales agricoles, il importe actuellement, comme le demande également M. Flornoy, de les laisser en dehors de la politique. Tout en créant des syndicats, des caisses de retraites, des assurances contre la mortalité du bétail, contre l'incendie... nous devons montrer aux classes laborieuses que nous ne cherchons pas un piédestal mais que notre seul but est de leur rendre service.

Sans doute, il faut toujours rester maître de l'œuvre que l'on a créée, et ne pas permettre, aux nouveaux venus, différents d'opinions ou de convictions, d'évincer les initiateurs, mais en réalité il ne faut jamais oublier que l'influence définitive reste toujours aux plus compétents, aux plus actifs et aux plus dévoués. Soyons les premiers par la compétence, le dévouement et l'activité, nous ne craindrons aucune concurrence.

M. Maze-Sencier ayant signalé l'importance de LA QUESTION DES BIENS COMMUNAUX et de la question DES INDUSTRIES RURALES qui, dans certains pays, comme la Lozère, par exemple, grâce à l'inépuisable dévouement de Mme Piou et de Mme la comtesse de Las Cases, ont reçu un si grand développement, M. DE L'ESTOURBEILLON étudie le problème au point de vue de la région bretonne. Les ouvriers agricoles ne sont plus, comme autrefois, fixés au sol. Ils ne sont plus les fils d'une nombreuse famille dont les troisième, quatrième et cinquième enfants étaient obligés de se louer chez le propriétaire voisin. Ils ne sont pas non plus de ces petits bordiers, propriétaires d'un champ modeste, où ils trouvaient, avec les quelques journées de travail qu'ils faisaient de ci de là, des moyens suffisants d'existence.

Tout cela a été détruit par une foule de circonstances et surtout par les lois testamentaires et le partage forcé qui détruit la petite propriété.

Je n'ai pas la prétention, dit l'honorable député du Morbihan, de soutenir que ce mal est partout aussi vivace en France que dans notre région bretonne. Mais chez nous, en Bretagne, on voit de plus en plus des étendues de landes incultes que l'on ne peut considérer sans une profonde tristesse.

Pourquoi les communes, propriétaires de biens communaux importants, ne donneraient-elles pas à des jeunes gens, au retour de leur service militaire, des portions de terre, gratuitement et pour plusieurs années?

On fixerait ainsi au sol de nouvelles familles, au lieu de voir des centaines de gens aller chercher l'emploi de leurs bras dans les mines et dans les faubourgs de Paris.

Le développement des industries rurales contribuerait aussi à retenir au pays natal beaucoup de paysans qui ne trouvent dans les villes que misère et détresse. M. de l'Estourbeillon cite les détails navrants que lui a révélés une enquête faite par lui sur la situation de plusieurs bretons ayant quitté le pays natal.

Après une intervention très brillante et très applaudie de M. Daure, sur la nécessité de fonder, en dehors de toute ingérence et contrôle de l'État, afin d'éviter certaines injustices scandaleuses et certains passe-droits révoltants, une caisse de secours contre les accidents atmosphériques pour venir en aide aux agriculteurs frappés par certaines catastrophes, après un éloquent plaidoyer de M. Saint-Yves en faveur des coopérations de producteurs, si bienfaisantes en particulier dans les régions frappées comme le sont les départements du Midi, M. Villeneau insiste dans les meilleurs termes auprès des congressistes pour que des réponses très précises soient faites au questionnaire. M. Gaillard ayant exprimé le souhait que les syndicats agricoles se préoccupent de la loi en projet sur les accidents agricoles, M. de Gaillard-Bancel clôture la discussion en expliquant aux congressistes le mécanisme du nouveau projet sur les accidents agricoles. Ce projet, s'il n'était pas modifié, serait funeste aux populations agricoles, et loin de leur venir en aide, en les surchargeant d'un nouvel impôt de 150 millions, les écraserait davantage. L'avis de M. le député Chaigne est à ce sujet très instructif. La Commission parlementaire ayant demandé que le projet soit soumis préalablement à tous les groupements agricoles, c'est désormais aux membres des syndicats, des caisses rurales, etc... qu'il appartient d'étudier la question.

Je signale à l'attention de tous, dit M. le Président, cette importante consultation qui sera faite incessamment par les pouvoirs publics et vous prie d'y répondre aussi sagement et aussi utilement que vous le pourrez.

Avant de lever la séance, M. le Président donne la parole à M. Maze-Sencier qui soumet au congrès le vœu suivant résumant les *desiderata* de l'assemblée :

Le Congrès,

Considérant l'importance du problème soulevé par l'enquête agricole, considérant, dans l'intérêt même des classes rurales et dans le but de contribuer à l'amélioration de leur sort, l'utilité de promouvoir l'étude de toutes ces questions, et spécialement l'utilité de créer un mouvement d'expansion de plus en plus accentué en faveur de la mutualité agricole sous toutes ses formes ;

Émet le vœu :

Que les Comités ruraux de l'A. L. P. étudient, avec le plus grand soin, soit dans leur intégralité, soit partiellement au moins, les questions posées par le questionnaire de l'enquête agricole ;

Qu'à cette occasion ils formulent leurs *desiderata* et leurs doléances sur tous les points concernant la profession agricole ;

Que, s'il y a lieu, pour faciliter les travaux et les rendre plus fructueux, des commissions spéciales soient désignées à cet effet par les différents Comités ;

Que le résultat de ces études, avec pièces justificatives, soit transmis avant le 1er février 1908 au siège central de l'A. L. P. ;

Que les conclusions en résultant, après examen et dépouillement, soient soumises au groupe parlementaire de l'A. L. P. chargé d'en dégager au Parlement, s'il y a lieu, les conséquences nécessaires ;

Que par l'intermédiaire des Comités, l'A. L. P., véritable foyer d'éducation, continue à créer de plus en plus des œuvres de mutualité agricole et à développer parmi les classes rurales, avec le goût de la science et de la profession agricoles, l'esprit d'initiative et d'association.

Ce vœu est adopté à l'unanimité.

ANNEXES

QUESTIONNAIRE PRÉPARATOIRE AU CONGRÈS DE 1907

IIᵉ SECTION

Enquête Agricole.

Observations. — Le questionnaire ci-joint n'est qu'un projet.
Nous prions simplement aujourd'hui nos Comités *non pas de répondre dès maintenant aux questions posées, mais de nous signaler les observations que leur suggère le présent projet.* Ces observations nous permettront de soumettre au Congrès de Bordeaux, à l'issue des réunions tenues à cet effet, un texte définitif et complet de questionnaire.

Le questionnaire définitivement adopté sera renvoyé à nos Comités qui, dans un délai fixé, auront à l'étudier et à y répondre.

Nous exposerons au Congrès, dans un rapport, quel a été le but de l'*A. L. P.* en prenant l'initiative d'une enquête agricole. Nous prierons les membres du Congrès de nous soumettre, d'autre part, toutes les observations que leur inspire une telle étude.

I. — Situation de la propriété.

1° Quelle est dans votre commune la situation de la propriété (Principales cultures et exploitations) et comment la terre y est-elle exploitée?
directement?
par fermage?   } Vos observations à ce sujet?
par métayage?

2° Quelle est la proportion de la grande, de la moyenne et de la petite propriété; et dans quel sens la propriété évolue-t-elle?

3° Y a-t-il des biens communaux, et quels sont l'état, la situation et le mode d'exploitation des propriétés communales? Multiplier les indications sur ce point.

4° La propriété est-elle endettée ou hypothéquée? Les saisies sont-elles fréquentes et qui prête aux cultivateurs? Si possible, donnez-nous une brève monographie de votre commune à ce point de vue?

II. — L'émigration, ses causes et ses remèdes (*salaire, travail, etc...*).

1° Quelle est la situation des ouvriers agricoles au point de vue nourriture, hygiène, salaire? Comment s'effectue le paiement du salaire? (Nature? argent? à la journée? à la tâche?) A-t-il augmenté ou diminué depuis 20 ans?

2° Comment s'effectue le contrat de travail (heure, journée, semaine, année, pour certains travaux saisonniers)?
Emploie-t-on des femmes ou des enfants?

3° Quelles sont les occupations accessoires des travailleurs de la terre? Existe-t-il certaines industries rurales, lesquelles?

4° Le nombre des indigents est-il élevé? Augmente-t-il?

5° Avez-vous à vous plaindre du vagabondage, de la mendicité, de l'alcoolisme? Moyens de répression.

6° Quel est le mouvement d'émigration vers les villes et à quoi tient-il? Quel a été le rôle des politiciens sur ce point? Quel est le mouvement d'émigration coloniale?

7° L'enseignement agricole est-il suffisant? Les écoles ménagères se développent-elles?

8° L'emploi des machines agricoles se propage-t-il? Conséquences de ce développement? S'est-on procuré, grâce à la force de l'association, un outillage collectif (Syndicat de battage)?

9° La législation sur les accidents agricoles vous donnera-t-elle satisfaction?

III. — Le socialisme rural.

1° Existe-t-il dans votre région un véritable prolétariat agricole, sans liens profonds avec la terre qu'il cultive?

2° Êtes-vous en présence au contraire d'une classe de petits propriétaires ruraux, fermement attachés à leur terre et à leur bien?

3° La propagande socialiste s'exerce-t-elle? Sous quelle forme?
Quel accueil y trouve-t-elle chez les ouvriers agricoles, les fermiers, les métayers, les petits propriétaires?

4° Avez-vous des grèves agricoles et à quelles causes les attribuez-vous?

5° Le mouvement syndicaliste se développe-t-il? De quelle manière? Résultats et conséquences?

IV. — Circonstances économiques.

1° Quelle est la marche des prix suivis depuis vingt ans pour la vente de produits et du bétail?

2° Quels sont les débouchés, les modes de vente, les prix des productions agricoles? Avez-vous une connaissance suffisante des mercuriales?

3° La vente se fait-elle directement ou par intermédiaire?

V. — Amélioration du sort des classes agricoles (moyens et procédés).

Que pensez-vous pour donner satisfaction à certaines doléances des classes agricoles :

1° De l'élévation du tarif des douanes?

2° De la réduction des tarifs de chemins de fer?

3° Du développement des moyens de communication et de transport?

4° a) Du dégrèvement de l'impôt foncier?
b) De l'impôt sur le revenu?
c) De la réfection du cadastre?
d) De la réduction des frais de justice?

Quelle est la progression de l'impôt départemental et communal depuis dix ans?

5° Que pensez-vous de la répression des fraudes dans la vente des denrées?

6° Des avantages que peut procurer la législation sur le bien de famille?

7° Du mode actuel de représentation des intérêts professionnels agricoles?

8° Des sociétés coopératives de production et de consommation?

9° Des syndicats agricoles?

Existe-t-il dans votre commune un syndicat agricole ou votre commune est-elle affiliée à une union régionale? Les syndicats agricoles ont-ils contribué à faciliter l'achat des engrais ou des semences dans de bonnes conditions? Ont-ils, à côté de leurs services matériels, rendu d'autres services sociaux ou moraux (Mutualité agricole sous toutes ses formes, œuvres de prévoyance)?

10° Du crédit agricole?

La dette qui pèse lourdement sur la terre a-t-elle fait comprendre l'utilité du crédit agricole? Fonctionne-t-il chez vous, comment et sous quelle forme? Se développe-t-il? Le système de la caisse rurale est-il en honneur? Le système des warrants agricoles fonctionne-t-il? Sinon, pourquoi? Comment concevez-vous une bonne organisation et un bon fonctionnement pratique du crédit agricole?

D'une manière générale, quels moyens pratiques préconiseriez-vous pour obtenir l'amélioration du sort des travailleurs de la terre et l'allègement des charges qui pèsent sur l'agriculture?

Nota. — Joindre autant que possible à la réponse les documents de toutes sortes (Exemplaires de statuts, comptes rendus, renseignements divers, usages, statistiques locales, etc... qui seraient de nature à mieux faire comprendre les réponses envoyées.)

Nous avons cru intéressant de reproduire la note suivante de M. Ducurtyl relative à la question des accidents agricoles.

Dans le droit commun, si un travailleur est victime d'un accident, il en supporte toutes les conséquences (frais, chômage, incapacité de travail), à condition qu'il n'y ait de la faute de personne. Mais si l'accident est dû à la faute ou à la négligence de quelqu'un et si la preuve en est faite par la victime, le responsable est tenu à payer les frais, à donner une indemnité ou une pension.

Depuis quelques années, dans l'industrie, on a fait valoir le principe du *risque professionnel* : le patron est toujours présumé responsable de l'accident, à moins qu'il ne prouve que l'accident est survenu par la faute de l'ouvrier sinistré.

Si l'on étend à l'agriculture, ainsi que le propose un projet de loi, ce principe du risque professionnel, comment s'en fera l'application?

Elle devra être tout autre, voici pourquoi :

1° Dans l'industrie, les ouvriers sont groupés sous la surveillance du patron ou de son remplaçant; dans l'agriculture, les travailleurs sont souvent isolés ou bien loin de la surveillance du cultivateur.

2° Un ouvrier industriel est guetté par la misère s'il est victime d'un accident; l'ouvrier agricole, même s'il est blessé, reste à la ferme, y est nourri, y rend encore une foule de services, etc...; l'indemnité devra donc être inférieure à celle que reçoit l'ouvrier industriel.

3° Quand la loi a introduit le risque professionnel dans l'industrie, le patron a pu souvent augmenter ses frais généraux et, par suite, ses produits du montant de la prime d'assurance : les cultivateurs ne sont pas les maîtres des marchés du blé, de la viande, etc... Comment pourront-ils récupérer sur les consommateurs les dépenses d'assurance? La propriété rurale n'est-elle pas déjà trop grevée par l'hypothèque, l'impôt foncier, les frais de mutation?

Si le projet de loi était voté, les compagnies d'assurances ont déclaré qu'il leur faudrait demander une prime moyenne de trois francs par hectare, soit cent trente-cinq millions pour les quarante-cinq millions d'hectares cultivables. En estimant à trente-cinq millions le montant des primes actuellement versées par l'agriculture pour les assurances en cours, *l'accroissement des charges imposées par le nouveau projet serait d'environ CENT MILLIONS.*

Devant ces conséquences, la commission se propose de soumettre le projet de loi à l'examen des associations agricoles.

M. Ducurtyl invite donc les syndicats agricoles à étudier sérieusement la question ; la chose en vaut la peine : d'une part, il s'agit de réparer le préjudice causé par les accidents agricoles; d'autre part, il faut épargner l'agriculture et ne lui demander que ce qui est possible. Que les syndicats étudient en particulier l'article 11 du projet qui concerne l'assurance par des mutualités locales : les syndicats agricoles ont déjà organisé les Caisses de retraites, les Mutuelles-bétail, les Mutuelles-incendies; ne pourraient-ils pas également créer des Mutuelles-accidents, avec caisse de réassurance?

DEUXIÈME SÉANCE

VENDREDI APRÈS-MIDI

———

ORGANISATION — ADMINISTRATION
PROPAGANDE

———

Présidence de M. Piou.

La séance est ouverte à 2 h. 1/2.

M. le Président, après quelques mots de bienvenue à l'assistance très nombreuse qui occupe la salle de Congrès, donne la parole à M. Laya pour la lecture du rapport général sur la marche de l'Association,

RAPPORT DE M. LAYA
Sur la marche de l'Association.

Quand, une année durant, nos Comités, petits et grands, ont courageusement labouré et ensemencé le coin de terre parfois ingrat et en apparence infécond qui leur est échu, ils éprouvent le besoin et ils ont le droit de savoir *ce qu'a produit dans l'ensemble du pays la somme de leurs efforts isolés.*

Ils attendent aussi de nos assemblées annuelles la *solution des objections et des difficultés* qu'engendrent à l'heure présente, pour notre Association, les circonstances historiques au milieu desquelles elle se meut.

Leurs préoccupations ne se bornent pas au passé ni au présent : elles s'orientent surtout vers l'avenir, c'est-à-dire vers la vie, vers l'action : elles réclament, pour l'année sociale qui commence, *un plan d'action pratique,* capable d'assurer la consolidation et le développement de l'*A. L. P.*

Ce rapport sommaire doit donc être, pour répondre aux vœux des Comités, tout à la fois : — la *Revue rapide de l'année sociale écoulée ; —* l'*Exposé des difficultés présentes et des solutions à proposer ; —* l'*Esquisse d'un plan d'action pratique pour 1908.*

I. — REVUE DE L'ANNÉE SOCIALE ÉCOULÉE

Bien qu'aucun grand courant d'opinion n'ait, en 1907, agité les esprits, les progrès signalés l'an dernier se sont poursuivis et accentués : ils font définitivement mentir les présages de décadence et de mort des découragés et des pessimistes.

Non seulement nous vivons et nous grandissons ; mais les moins perspicaces commencent à découvrir, à discerner dans l'*A. L. P.*, le principe de durée, le philtre de vie qui manquait à tant d'autres groupements éphémères,

3

qui jadis un cycle électoral a vu naître et mourir, je veux dire le principe et l'esprit d'association.

Cette puissance de l'Association est de mieux en mieux comprise : les 25.000 adhérents nouveaux qui sont venus se joindre à nous depuis le Congrès de novembre 1906 en sont la preuve manifeste.

240 Comités nouveaux ont été créés et investis cette année par le Comité directeur.

Autant de foyers rayonnants de recrutement et de propagande.

Les nouveaux Comités.

Parmi les nouveau-nés, plusieurs méritent une mention spéciale : Fondé il y a quelques mois à peine, le Comité de Montguyon (Charente-Inférieure) compte déjà 300 adhérents et se fait fort de bondir sous peu jusqu'à 500 : une Maison du peuple leur est ouverte chaque dimanche et chaque mois une conférence suscite, entretient et réchauffe les bonnes volontés ; — déjà plus de 230 adhérents se groupent autour du tout jeune Comité d'Yenne (Savoie) ; — celui de Grandvilliers (Oise) a pu recruter en quelques semaines 10 adhérents dans chacune des 20 communes du canton ; — 120 inscrits figurent déjà sur les registres de la nouvelle section communale de Cruseilles (Haute-Savoie) ; — plus de la moitié des électeurs sont membres de la section de Saint-Cyr (Saône-et-Loire).

L'influence croissante des groupes.

En dépit de la modicité trop ordinaire de leurs ressources, la plupart des Comités agissants constatent l'accroissement lent mais continu de leur influence. Quelques exemples seulement empruntés aux réponses au questionnaire : Plus de la moitié de la population de Cubières (Lozère) est inscrite à l'A. L. P. ; dans la Loire, le Comité de Saint-Marcel-de-Féline enlève un siège aux élections cantonales ; et le Comité d'Annecy déloge du Conseil général un blocard embusqué là depuis trente ans. Nos amis du Rhône, de l'Isère et de l'Oise remportent aussi plusieurs brillants succès.

Cette influence grandit, c'est un fait d'expérience en raison directe de l'activité des comités et surtout du développement des institutions sociales et de l'esprit de dévouement.

Ce devoir si simple et si méconnu de l'aide mutuelle entre tous nos adhérents est de mieux en mieux compris et pratiqué.

C'est ainsi que Valence d'Agen (Tarn-et-Garonne) fait afficher dans sa salle de réunion la liste des commerçants affiliés, et se fait un devoir de recruter, au cours des périodes électorales, exclusivement parmi les adhérents, — les agents, colleurs, distributeurs de bulletins. Certains comités, notamment celui de Pietra di Verde (Corse), vont plus loin et nous demandent d'ouvrir, pour chacun de nos adhérents dans le malheur, une souscription à 0 fr. 10 entre tous nos associés. L'idée est belle, mais comment la réaliser pratiquement !

L'organisation de quartiers et de cantons.

La mise en œuvre de cette aide mutuelle, la fondation d'institutions économiques ou sociales, solides et influentes ; la propagande vraiment efficace des idées par les journaux, les tracts, les conférences ; toute action électorale sérieuse présupposent et exigent la constitution préalable d'une organisation méthodique et méticuleuse de Comités de quartier dans les villes, — de Comités de canton avec délégués communaux dans les campagnes. — C'est sur cette organisation primordiale qu'il importe donc de concentrer nos efforts : les Comités qui l'ont compris, qui se sont efforcés de la réaliser, méritent d'être cités à l'ordre du jour et donnés en exemple.

Les progrès des comités.

Avec l'aide et sous l'impulsion du vaillant Comité régional de Lyon, cette organisation a pris dans le Rhône, l'Isère, principalement dans les deux Savoies et dans l'Ain un essor merveilleux dont le récent Congrès de Bellegarde a été, pour ce dernier département, l'éclatante consécration.

Le Comité de Saint-Léonard (Haute-Vienne) a son délégué dans chaque commune, et voit déjà pâlir l'étoile de Tourgnol.

Saluons en passant l'admirable Comité de Romilly (Aube), exclusivement composé de travailleurs, qui ont trouvé dans leur seul dévouement le moyen de créer tout un réseau de Comités et de chefs de rue, de quartier, de commune qui déborde les frontières du canton, de l'arrondissement, du département lui-même, maintient et étend les conquêtes de leur zèle.

Sans se laisser abattre par l'échec formidable subi par les progressistes de l'Oise en 1906, notre Comité de Beauvais s'est mis courageusement à l'œuvre, organisant successivement les cantons de ses deux circonscriptions, et déjà les résultats électoraux de juillet dernier ont récompensé ses efforts.

En plein terroir hervéiste, dans l'Yonne, la ville de Sens est divisée en 10 secteurs, pourvus chacun d'un chef de secteur chargé du recrutement, des renouvellements et de la propagande.

Le bureau de Savenay (Loire-Inférieure) s'adjoint, sous le nom d'assesseurs, les 10 adhérents les plus dévoués et répartit entre eux les démarches à faire. A Landerneau, une « Jeune Garde » de 15 jeunes gens de quinze à vingt ans se distribue la ville divisée en 15 quartiers.

Dans la Sarthe, le Comité de Montfort-le-Rotrou possède à l'heure actuelle un sous-comité dans chacune des 16 communes du canton, un délégué dans chaque hameau : les renouvellements et adhésions nouvelles s'y font avec la plus grande aisance.

Les 1.800 adhérents de la ville de Cholet sont distribués entre 10 groupes de 5 à 6 sections chacun. Un commissaire volontaire est à la tête de chaque section, un administrateur à la tête de chacun des 10 groupes. Tous les mois, commissaires et administrateurs se réunissent sous la présidence du trésorier et du secrétaire du Comité. Cette organisation modèle a permis à nos amis de rassembler 2.600 adhérents dans l'arrondissement, et de créer des œuvres sociales florissantes.

Dans l'un des départements les plus inféodés au Bloc, dans le Var, le dévouement du Comité de Toulon et de son vaillant président a pu susciter 39 comités dans les 3 arrondissements, et réunir 1.200 adhérents dans la seule ville de Toulon. Un délégué par canton, aidé d'un employé rétribué, est chargé des cotisations. Les adhérents sont réunis fréquemment.

Le Puy-de-Dôme possède 60 comités, tous reliés au Comité départemental de Clermont-Ferrand. Dix de ses membres consacrent leurs dimanches à des conférences dans les campagnes ou à des œuvres sociales à l'usage des adhérents. Tout Comité, si petit soit-il, est visité au moins une fois l'an. Tous se réunissent mensuellement et tiennent une assemblée annuelle de leurs adhérents.

Congrès de comités régionaux.

Les progrès mêmes de notre Association, les résultats excellents obtenus par le Comité régional de Lyon, la poussée décentralisatrice et régionaliste qui se fait jour un peu partout, avaient conduit le Congrès de l'an dernier à émettre le vœu de voir se constituer peu à peu des Comités régionaux rayonnant sur plusieurs départements. L'année qui finit a été surtout consacrée par le Comité directeur à l'exécution de ce vœu.

Des comités régionaux ont été constitués pour le Sud-Ouest à Bordeaux ; pour la Provence à Marseille ; pour la Bretagne à Rennes, ainsi qu'une Fédération du Bas-Languedoc. Nancy aura prochainement un Congrès d'où va sortir l'organisation régionale de l'Est ; une Fédération s'ébauche enfin à Toulouse.

Ce n'est évidemment qu'un début, mais il est encourageant, et les Congrès régionaux qui se multiplient, — comme ceux tout récents du Vigan, de Charleville et de Bellegarde, — donnent une idée de l'intensité du mouvement.

II. — LES DIFFICULTÉS ET LES OBJECTIONS PRÉSENTES.

Vous le voyez, Messieurs, le sang et la vie circulent dans les veines de l'A. L. P., et cependant combien sont encore réfractaires à ses appels, combien, après nous avoir donné les plus belles espérances, se laissent aller au découragement et nous refusent un concours qui centuplerait notre action !

Pourquoi nous n'avons pas triomphé aux élections.

On ne nous ménage ni les critiques ni les objections.

Les naïfs et les rêveurs qui s'imaginent que l'on peut en quelques mois, en quelques années, créer une association solide, modifier la mentalité, les opinions de tout un peuple égaré par plus de trente années de propagande sectaire acharnée par la parole, la presse, l'école, l'armée des fonctionnaires, ceux-là nous reprochent de n'avoir pas triomphé aux élections de 1906 et de 1907.

A ceux qui réfléchissent et ne se payent pas de mots nous répondons que notre organisation est encore trop jeune, notre action insuffisamment généralisée pour exercer une influence universelle, prépondérante et décisive : et cependant de tous les groupes d'opposition, il est le seul qui n'ait subi que des échecs insignifiants compensés par de brillantes victoires.

L'A. L. P. n'est pas une coalition des anciens partis.

L'A. L. P., on ne saurait trop le redire, n'est pas une coalition de tous les anciens partis et, tout en les déplorant, ne saurait endosser la responsabilité de leurs revers, pas plus que de leurs erreurs ou de leurs fautes dont nous sommes trop souvent les victimes.

Elle n'est pas un parti politique et conserve sa raison d'être quel que soit le parti au pouvoir, parce que, sous tous les régimes, elle poursuit le triomphe de la vérité qui seule peut nous donner la liberté. Elle est un groupement nouveau, ayant son terrain et son programme à lui, ses méthodes, sa tactique et son but. Presque partout où nous avions des comités solides, vivants, et relativement anciens, nous avons gagné des sièges ou des voix.

Là même où nos idées ont pu ou pourraient être pour un temps méconnues par les électeurs, rien ne peut ni ne pourra nous déconcerter ni nous abattre, confiants que nous sommes dans le triomphe final et certain de la vérité.

Elle est surtout une association.

Son œuvre n'est point un effort passager, transitoire, éphémère, c'est une œuvre de patience, de méthode et de très longue haleine. Elle n'est point, comme tant d'autres groupements, vivants ou morts, un simple comité électoral, un agrégat occasionnel qui sommeille pour se réveiller à la veille de chaque scrutin.

Elle est surtout et avant tout, — on ne saurait trop insister sur ce point, — UNE ASSOCIATION, c'est-à-dire qu'elle veut grouper dans une unité puissante, permanente, active, disciplinée — dans une solidarité effective et réalisée pratiquement par des institutions économiques — autour d'un programme politique et social court, précis, mais très large, tous ceux qui veulent la liberté pour tous, l'égalité devant la loi, le droit commun, l'amélioration du sort des travailleurs; elle veut rapprocher, souder ensemble par la pratique incessante de l'aide mutuelle tous ceux qu'unit le même idéal, la même volonté d'arracher le pays à la Franc-Maçonnerie triomphante, d'y faire régner plus de justice sociale au profit des travailleurs et des faibles.

Elle survivra à tous les échecs.

Elle est une protestation vécue contre l'individualisme, c'est-à-dire contre l'égoïsme social. Elle croit fermement que la masse profonde de ses adhérents inscrits et cotisants constitue une force désormais certaine de survivre à tous les assauts, à tous les orages, à tous les coups du sort, et que cette force, multipliée par l'activité ininterrompue de ses comités et de ses membres, deviendra dans l'avenir une puissance irrésistible, invincible devant laquelle s'effondrera le Bloc.

Pour une pareille association, les élections ne sont qu'un incident, une escarmouche : elle survit, elle survivra à tous les échecs comme à toutes les victoires. Nos adversaires peuvent en faire leur deuil : nous maintiendrons et nous développerons l'*A. L. P.* contre vents et marées.

Que les découragés reprennent donc confiance, et que les endormis se réveillent!

La Séparation et l'A. L. P.

Mais il est une autre objection. « La Séparation, nous dit-on, a créé une situation nouvelle. De toutes parts surgissent des organisations diocésaines et paroissiales qui peu à peu se substitueront à vos comités. Vos jours sont donc comptés. »

C'est là une erreur absolue. Si les évèques et le clergé se préoccupent à bon droit de grouper les catholiques pour l'action religieuse, ils excluent rigoureusement de cette action la politique. L'organisation et l'action religieuses sont une chose : l'organisation et l'action politiques et sociales en sont une autre. Ces dernières nous suffisent, mais nous les revendiquons tout entières : elles sont notre domaine propre et reconnu.

Certes les droits des consciences et la liberté religieuse sont au premier rang de nos revendications, mais elles ne devront pas en être l'objet exclusif. Comme le *Centre allemand*, nous croyons que le vrai, l'unique moyen d'en assurer le triomphe sur les préjugés et les préventions, c'est de défendre tous les intérêts, tous les droits légitimes, c'est d'être à l'avant-garde de tous les progrès, de toutes les réformes populaires réalisables.

Sur ce terrain très large nous ouvrons cordialement nos rangs à tous ceux, même non catholiques, qui sincèrement, loyalement acceptent notre programme.

En dehors et à côté des organisations qu'a provoquées la loi de Séparation, nous conservons donc pleinement notre terrain, notre but, notre programme propre, notre public plus étendu, notre rôle parfaitement distinct et délimité, et de ces groupements voisins nous ne pouvons attendre qu'un surcroît de force et de dévouement.

— 38 —

III. — LE PLAN D'ACTION POUR 1908.

La revue que nous venons de passer ensemble des résultats passés et des difficultés présentes contient en germe notre plan d'action pour l'avenir.

Travail de consolidation et de perfectionnement.

Depuis la naissance de l'A. L. P., ses progrès ont été rapides; mais leur rapidité même pourrait devenir un danger. Si nous n'y prenions garde, nous risquerions de perdre en profondeur ce que nous gagnons en étendue.

À quoi bon conquérir de nouveaux adhérents, si les anciens ne nous demeuraient pas fidèles? À quoi bon créer des comités, si le zèle de leurs aînés allait se refroidissant? Il nous faut les vacciner contre la maladie du sommeil, empêcher les uns de s'endormir sur leurs lauriers, les autres de se laisser anesthésier par le découragement; car, chose curieuse, ces causes contraires, la victoire et la défaite, produisent trop souvent un effet identique : l'assoupissement, l'inertie.

Le travail essentiel qui s'impose à nous tous, c'est donc un retour sur nous-mêmes, la consolidation et l'aménagement des positions acquises, la résurrection des groupes en sommeil : nous serons plus forts ensuite, pour la marche en avant.

Que nous servirait de constituer des comités, s'ils n'agissaient pas. Coûte que coûte il faut que chacun d'eux entre et demeure en contact fréquent avec ses adhérents, qu'il les réunisse périodiquement, sache les intéresser, leur rendre service, recueillir régulièrement leurs cotisations. Ne négligeons aucun de ces détails d'administration intérieure qui semblent infimes, mais sans lesquels il n'y a pas d'associations vivantes et durables.

Comités régionaux et départementaux.

Le Comité directeur s'efforcera de développer en 1908 l'action des comités régionaux et d'en susciter de nouveaux, s'il est possible.

Afin de décentraliser encore, de multiplier plus rapidement, de maintenir constamment en haleine et de relier entre eux les comités cantonaux, pour parer enfin à l'éventualité du scrutin de liste avec ou sans représentation proportionnelle, nous encouragerons de toutes nos forces la fondation de comités départementaux.

L'organisation méthodique des cantons.

Dans les villes, façonnons de solides comités de quartier avec leurs délégués de rue; dans les campagnes, formons et perfectionnons le comité cantonal avec ses représentants populaires et dévoués dans toutes les communes. Avec l'aide de ces représentants, organisons d'une façon méthodique et minutieuse le recrutement et le renouvellement des adhésions, la propagande incessante et trop négligée encore des journaux, tracts et affiches; les institutions sociales peu coûteuses qui répondent le mieux aux aspirations et aux besoins de la population. Grâce à cet organisme simple et pratique, tout deviendra facile et, sans les viser directement, nous aurons plus fait ainsi pour le succès des élections municipales que par les plus brillantes campagnes de conférences.

Cette œuvre une fois achevée dans votre canton, forts de votre expérience, vous l'entamerez dans les cantons voisins, et ainsi, de proche en proche, étapes par étapes, échelons par échelons, lentement mais sûrement, vous réalise-rez pleinement dans la France entière ce réseau de comités libéraux, cette association formidable organisée et disciplinée, ce spectre qui hante les nuits de M. Ranc, comme des Pontifes de la Maçonnerie, et qui mettra fin à leur intolérable domination.

Conclusion.

Laissons dire les critiques et gémir les découragés. Poursuivons notre route avec confiance, résolus à triompher de toutes les difficultés qui peuvent surgir. Et bientôt, nos censeurs d'hier viendront à nous, quand ils consta-teront notre ténacité, notre lente mais incessante marche en avant, quand ils comprendront enfin par notre exemple que l'organisation méthodique est la seule voie humaine et pratique du salut, si nous nous y engageons avec toutes les énergies de notre cœur, de notre patriotisme et de notre Foi.

Après le lecture de ce rapport chaleureusement applaudi, la parole est donnée à M. Papillon chargé de faire connaître au Congrès l'œuvre économique et sociale de l'A. L. P. :

RAPPORT DE M. PAPILLON

Dans les Congrès précédents, j'ai eu l'occasion de vous parler du mouve-ment social dans l'A. L. P. et je vous ai montré que la plupart de nos Comités, soucieux d'améliorer le sort de leurs adhérents, s'étaient efforcés de créer des institutions de prévoyance et de mutualité qui commencent à rendre aux classes laborieuses de nombreux services. Ce mouvement ne fait que s'accen-tuer et bien rares sont aujourd'hui nos groupements qui s'occupent unique-ment d'organisation politique.

Il n'entre pas dans le cadre de ce court rapport de citer les multiples insti-tutions créées par nos Comités. Ici c'est une caisse rurale ou un syndicat agricole, là une mutuelle-incendie ou une assurance contre la mortalité du bétail. Dans les centres plus importants, ce sont des sociétés de secours mu-tuels, des bibliothèques, des jardins ouvriers, des ateliers d'apprentissage ou des sociétés sportives. Je me permets tout particulièrement de signaler le développement des bureaux de placement et des secrétariats du peuple.

Mais je dois au Congrès de lui faire connaître ce que votre Comité directeur a organisé pendant l'année qui se termine pour venir en aide aux adhérents de l'Association. Ce sont les services de la revision des feuilles d'impôt, la bibliothèque circulante et le Comité consultatif de contentieux. J'ajouterai quelques mots sur le bureau de placement de Paris.

⁂

Quand, au début de l'année, nous recevons notre feuille d'impôts, nous constatons avec peine qu'elle est toujours plus chargée que la précédente.

Hélas! l'A. L. P. n'a pas la puissance de nous obtenir un dégrèvement général. Elle ne le pourra faire que le jour prochain, espérons-le, où elle sera parvenue à substituer au régime que nous subissons, régime de surenchère électorale, une majorité soucieuse d'économiser les deniers publics.

Mais en attendant, nous avons pu nous assurer le gracieux concours d'un ancien fonctionnaire supérieur des contributions directes dont la compétence et la science financière n'ont d'égales que le dévouement et la modestie et qui veut bien revoir les feuilles d'impôts qui lui sont adressées, donner deux fois par semaine des consultations verbales à nos adhérents de Paris et de la banlieue et répondre à toutes celles qui lui sont demandées de la province. Notre *inspecteur-conseil* a pu obtenir de nombreuses réductions à nos amis. Il a notamment fait exonérer plusieurs curés expulsés de leurs presbytères et empêcher une saisie dont était menacé un de nos adhérents. Dans plusieurs circonstances, après des enquêtes faites sur place avec le plus grand soin, il a pu faire modifier le quantum de la valeur imposée.

J'ajoute que ces consultations sont absolument gratuites et que le contribuable qui obtient un dégrèvement se le voit entièrement rembourser, contrairement à ce que font les agences spéciales dont nous recevons les alléchantes propositions.

.*.

C'est chaque jour que notre Comité d'études sociales reçoit, soit de conférenciers ou de journalistes, soit de conseillers généraux ou de maires, soit d'adhérents désireux d'étudier une question d'actualité ou d'établir une institution sociale, des demandes d'ouvrages traitant de droit politique, financier ou administratif ou de sociologie. Jusqu'à cette année, il ne pouvait que leur indiquer les auteurs et les prix souvent fort élevés de ces ouvrages et leur expédier contre remboursement les livres dont ils avaient besoin. Pour leur éviter des frais inutiles, nous avons cherché le moyen de leur communiquer les documents demandés pour un temps limité. C'est ainsi que nous avons été amenés à la création de la bibliothèque circulante de l'*A. L. P.*

Au moyen de versements variant de 1 fr. 25 à 2 fr. 50, plus les frais de port, nos adhérents pourront recevoir pour un mois des colis postaux de livres qu'ils pourront consulter à loisir.

Il est bien entendu qu'il ne peut s'agir que d'ouvrages traitant de questions sociales et politiques, se rapportant à notre but et à notre programme. Nous serons reconnaissants à nos amis de nous indiquer les livres qu'ils désirent voir dans notre bibliothèque et nous nous efforcerons dans la mesure de nos ressources de leur donner satisfaction.

.*.

Enfin le Comité Directeur a, dans le courant de 1907, créé un *Comité consultatif de Contentieux*, destiné à l'aider dans la préparation des grandes questions d'intérêt général qu'il a pour mission d'étudier et d'approfondir.

Ce Comité est composé d'une trentaine de personnes choisies parmi les jurisconsultes et les spécialistes les plus réputés. Il nous suffira de citer les noms de MM. Sabatier et de Valroger, anciens présidents de l'ordre des avocats au Conseil d'État et à la Cour de cassation, de MM. Groussau et de Castelnau, députés, pour montrer avec quelle compétence sont traitées les questions soumises à ses délibérations.

Indépendamment des nombreux avis contentieux se rapportant au droit politique ou administratif qu'il a donnés, notre Comité de Contentieux a examiné plusieurs projets à l'ordre du jour des Chambres. Ses délibérations sont résumées dans une publication spéciale que nous éditons au prix de 2 francs par an et qui est indispensable à tous ceux de nos adhérents qui s'intéressent aux questions parlementaires. Trois numéros de ces *Circulaires* ont déjà paru. Le premier contient une étude de M. de Valroger sur la suppression des Conseils de guerre avec des notes sur la législation étrangère de M. Daguin, avocat à la Cour.

Le second traite, sous les signatures de MM. Sabatier et Fruchier, ancien sénateur, du droit de poursuite aux associations et syndicats, droit reconnu depuis par une loi.

Le troisième enfin est consacré aux impôts et est dû à MM. Le Vavasseur, avocat à la Cour, et Oberlend, notre dévoué inspecteur-conseil, chef du service de revision des feuilles d'impôt.

.·.

« Le placement professionnel », a dit M. Flornoy, « est pour l'ouvrier la « sécurité du présent, comme la retraite est la garantie de l'avenir (1). »

C'est ce qu'ont bien compris nos groupements de la Seine lorsqu'ils ont fondé, le 15 octobre 1905, notre bureau de placement pour leurs adhérents. Depuis cette époque, ce bureau a pu procurer plus de 1.000 emplois et plusieurs fois il a dû refuser des offres faute de candidats.

Il est presque sans exemple que les personnes ayant un métier bien défini et de bons certificats n'aient pas pu par son intermédiaire obtenir du travail. Par contre, il est à peu près impossible de caser les adhérents qui se présentent pour faire, suivant leur expression, « n'importe quoi ».

Notre bureau peut aussi très difficilement trouver des situations à nos amis de la province. Les patrons, en effet, — et notons au passage que notre office de la rue Richelieu a une si bonne renommée sur la place de Paris qu'il n'est pas rare de voir des employeurs, dans des idées diamétralement opposées aux nôtres, s'adresser à lui pour être sûrs de la qualité de leur personnel — les patrons, dis-je, désirent voir l'employé avant de l'engager et les places restent libres trop peu de temps pour que nous puissions conseiller à nos adhérents éloignés de faire inutilement un voyage coûteux.

Nos amis parisiens se montrent généralement fort reconnaissants des services que leur rend le bureau de placement.

Et n'est-ce pas la plus belle propagande que nous puissions faire de nos idées que de venir en aide à ceux qui luttent pour la vie : « Lorsqu'on aura « facilité à l'ouvrier — sans lui faire l'aumône — l'accès à ce travail néces- « saire, on aura favorablement disposé les esprits. Alors on pourra adresser « plus aisément des paroles de conquête et d'apostolat (2). »

.·.

Je dois aussi, Messieurs, vous dire un mot d'un vœu émis par nos Comités de l'Ain au Congrès de Bellegarde et demandant la fondation à Paris d'une caisse centrale des sociétés de secours mutuels de l'A. L. P.

Cette proposition a été étudiée, mais il ne paraît pas possible, quant à présent, d'y donner suite. La France est trop étendue et nos adhérents trop nombreux pour que nous puissions avoir à notre siège central une administration de cette importance — mais partisans d'une décentralisation de plus en plus grande de notre association, nous verrions avec plaisir nos Comités régionaux avoir une section spéciale s'occupant de la diffusion des sociétés de secours mutuels et des moyens d'établir une caisse régionale.

Rappelons ici ce que nous disions dans notre rapport de 1905. Nous avons le droit de fonder des sociétés pour nos seuls adhérents et nous conseillons vivement d'en faire, non sous la forme de sociétés libres, mais sous celle de sociétés *approuvées*. Ces dernières jouissent, d'après la loi de 1898, de certains droits très importants et nous aurions tort de les négliger. De plus, les municipalités doivent donner pour les assemblées de sociétaires les salles qui leur appartiennent et fournir gratuitement les registres nécessaires au fonctionnement des caisses de secours.

Victimes de l'ostracisme gouvernemental, privés des innombrables faveurs dont les préfets sont les distributeurs, n'hésitons pas à profiter des quelques avantages que peuvent nous procurer les lois existantes.

(1) Article du journal l'*Eclair* reproduit par l'*A. L. P.* du 13 juin 1907.
(2) Eugène FLORNOY, *loc. cit.*

Comme je vous le disais tout à l'heure, presque tous nos amis suivent l'exemple donné par le Comité directeur et nos groupements parisiens, et je dois à la vérité de constater que nos Comités qui s'occupent de l'amélioration du sort des travailleurs sont les seuls prospères.

Il est en effet absolument impossible d'occuper nos adhérents en les entretenant uniquement de politique. Sans doute, chaque année, la revision des listes électorales devra être l'objet de leurs préoccupations. Ils ne devront pas non plus négliger la diffusion de la bonne presse et la préparation des conférences. Mais s'ils se bornent à cela, le moindre échec électoral les découragera et c'en sera fait de leur Comité. Au contraire, s'ils fondent des syndicats ou des mutualités, ils toucheront du doigt les avantages de l'Association et, non contents d'être profondément attachés à l'A. L. P., ils s'en feront les plus zélés propagateurs.

Mais on ne manque pas de nous dire : Nous sommes dans un pays essentiellement rebelle aux idées sociales et toutes les tentatives que nous avons faites dans ce sens ont échoué.

Cela est vrai sans doute dans les pays particulièrement riches, mais à défaut de syndicats ou de mutualités il est toujours possible de créer un service de revision de feuilles d'impôts, des consultations gratuites, une bibliothèque, une société sportive ou une association de Pères de famille.

.·.

Permettez-moi en terminant de vous dire quelques mots de cette dernière œuvre de défense sociale dont notre collègue M. de Boissieu vous a déjà entretenus en 1905.

Nous sommes d'accord à l'A. L. P. pour blâmer la loi de 1883 sur la neutralité de l'enseignement primaire public et pour souhaiter son abrogation. Pourtant, les idées anticléricales et antipatriotiques ont fait depuis 25 ans de tels progrès que nous en sommes réduits à réclamer la stricte application de cette loi.

Emus des propos antireligieux et antimilitaristes tenus par les instituteurs, un certain nombre de citoyens indépendants de Saint-Rambert-en-Bugey (Ain) ont constitué une association dans le but de faire respecter la neutralité de l'école. Dès leur constitution, ils ont pu obtenir de l'autorité supérieure des blâmes contre ces pédagogues trop zélés et même leur déplacement en cas de récidive. Depuis lors, ils n'ont eu à relever aucune faute de ce genre. De tous côtés maintenant on crée des associations semblables et partout elles donnent les meilleurs résultats. Nous ne saurions trop vous engager à suivre un pareil exemple, et, surveillés par vous, les membres de l'enseignement se garderaient, ce qu'ils font trop souvent, de se moquer de nos dogmes catholiques et d'insulter à nos plus chères croyances.

« Nous n'abandonnerons jamais cette conviction, qui est le fond de notre
« pensée, l'idée maîtresse de notre conduite privée et publique, qu'on ne
« peut efficacement servir le peuple en voilant à ses yeux les horizons de
« l'idéal divin; en lui répétant qu'il trouvera le paradis sur la terre et qu'il
« en est le maître souverain. Nous croyons le mieux servir en lui disant
« qu'au-dessus de lui il existe une puissance supérieure de laquelle il relève;
« qu'il trouvera dans la vie des épreuves imméritées et des injustices sans
« sanction immédiate, mais qu'il est, quelque part, une équité suprême qui
« consolera des unes et réparera les autres. Je crois que nous avons encore
« une plus haute idée de sa grandeur et que nous respectons mieux que
« personne sa dignité, en lui disant que, s'il a raison de travailler à rendre,
« dans cette vie, sa condition meilleure, il en est une autre, où il est assuré
« de trouver, avec justice, ce qui lui a été si souvent refusé dans celle-ci, la
« grande égalité des récompenses éternelles. » (Applaudissements.)

Avant de donner la parole aux représentants des différents Comités, M. Pion rappelle l'existence du Comité d'Etudes Sociales de l'*A. L. P.*, une institution-type, dit-il. On y a réuni les travaux parlementaires, publications, consultations sur les questions économiques, politiques et sociales. Après avoir expliqué les services de toutes sortes que peut rendre le Comité d'Etudes Sociales aux Comités des départements, pour la constitution et la création des œuvres sociales de toutes sortes, M. le Président engage vivement les membres de l'association à recourir souvent à cette organisation si utile et à la visiter quand ils viendront à Paris : ils sont assurés d'y trouver toujours le plus cordial accueil (1).

La parole est ensuite donnée à M. de Beaumont pour la lecture de ses rapports sur le Comité régional du Sud-Ouest et sur le Comité local de Bordeaux.

RAPPORTS DE M. DE BEAUMONT

Sur le Comité régional de Bordeaux et du Sud-Ouest.

MESSIEURS,

La préoccupation constante du Comité directeur de l'*A. L. P.* a toujours été de créer, dans notre association, une organisation permanente et de constituer une administration régulière.

C'est cette idée qui devrait, semble-t-il, s'imposer à tous nos Comités et ce ne serait pas un des moindres résultats de notre IV⁰ Congrès national, si nous pouvions la faire partager par tous nos amis.

C'est donc pour faciliter cette administration plus stricte et plus régulière que le Comité directeur décida au Congrès de Lyon, il y a un an, la création des Comités régionaux afin de décharger les bureaux du Comité central, en un mot afin de faire de la bonne décentralisation.

Le Comité régional de Bordeaux et du Sud-Ouest comprend les départements suivants : Gironde, Charente-Inférieure, Charente, Dordogne, Lot-et-Garonne, Lot, Landes et Basses-Pyrénées.

La formation officielle de ce Comité remonte au 24 février 1907.

Après sa constitution, sa première réunion a eu lieu à Bordeaux le 28 avril. De nombreux délégués venus des huit départements fédérés, réunis salle de Guienne, examinèrent la situation dans la région du Sud-Ouest. Le Président constata avec un vif plaisir que bon nombre de comités de ces divers départements avaient apporté leur adhésion au groupement régional.

La deuxième réunion a eu lieu à Agen, le 2 juin 1907. Cette ville et cette date, bien qu'un peu rapprochée de celle du 28 avril, ont été choisies pour faire coïncider la réunion du Comité régional avec un Congrès départemental de l'*A. L. P.* Bien que les délégués fussent nombreux, certains durent à leur grand regret s'abstenir, vu les difficultés de communication entre Agen et les autres départements : Basses-Pyrénées, Landes, Charente-Inférieure notamment. Le président, M. Glotin — nous le retrouvons partout et toujours sur la brèche — constata les progrès de l'association particulièrement dans le département du Lot-et-Garonne, résultat dû en grande partie à l'inlassable dévouement, à l'activité et à l'éloquence du délégué du Comité directeur, M. Saint-Yves.

(1) Voir : journal l'*Eclair* du 23 juin 1905 ; l'*Outillage de l'énergie*, par Georges Montorgueil. Voir également : l'*Eclair* du 30 décembre 1905, le *Figaro* du 18 juillet 1905, l'une des Chroniques sociales de l'*Energie française* par Martin Saint-Léon, les *Offices sociaux de Paris*, par M. Lecoq, *Guides de l'Action Populaire*, 1905, 1906, la *Lutte par l'Association*, de M. Flornoy.

Après avoir donné la répartition des 111 Comités de la Fédération du Sud-Ouest, le rapporteur conclut ainsi :

En résumé, dans sa première année d'existence, le Comité régional de Bordeaux et du Sud-Ouest a obtenu des résultats qui semblent modestes, mais sont néanmoins appréciables. Il a pris contact avec tous les comités existants et si quelques-uns sommeillent encore doucement, d'autres sont pleins de vie, d'ardeur et d'activité. Secouer cette torpeur et collaborer à des créations nouvelles, voilà son œuvre de demain.

Dans un second rapport, M. de Beaumont constate la « marche ascendante du groupe girondin vers une situation toujours plus prospère ». Ce progrès est imputable à deux causes principales : la propagande sous toutes ses formes et notamment par le journal ; les services rendus aux adhérents dont le chiffre s'est accru dans l'espace de quelques semaines dans des proportions considérables.

La création de délégués chargés de la propagande aboutit à d'excellents résultats, puisque de 765, chiffre du mois de janvier, le nombre des adhérents s'est élevé à 1.310, chiffre actuel. Et l'on peut attendre mieux.

L'œuvre des services sociaux — placements, renseignements, consultations gratuites — se recommande, elle aussi, par d'appréciables résultats.

Il faut également compter le journal parmi les instruments les plus efficaces de propagande. A ce titre, le *Libéral*, devenu l'organe du Comité régional, mérite une mention particulière. Sa prospérité est indéniable et son existence assurée. Il établit entre les groupements divers un lien de solidarité que viennent resserrer encore les réunions et conférences organisées par les soins du Comité de Bordeaux.

« Ces résultats, dit en terminant le dévoué secrétaire général, démontrent « notre ferme volonté de continuer notre œuvre *per fas et nefas*. Nous ne « nous laisserons abattre ni par les revers, ni par l'indifférence des uns, ni « par le mauvais vouloir des autres, car, suivant la belle parole que rappe- « lait au Congrès de Paris notre vénéré président, M. Jacques Piou, nous « n'avons besoin ni d'espérer pour entreprendre, ni de réussir pour persé- « vérer. »

Ces deux rapports sont accueillis avec une faveur marquée et M. de Beaumont, très applaudi par l'assistance, est vivement félicité par le président.

M. Piou prie ensuite les divers représentants venus de tous les points de la France de faire connaître l'organisation, la situation de leurs Comités. Et c'est une série de rapports courts, mais très intéressants, très vivants, et qui montrent que, partout, même dans les centres les plus hostiles, dans des milieux ouvriers comme les citadelles radicales réputées imprenables, les bonnes volontés, les initiatives hardies sont écoutées ou suivies tôt ou tard et ne restent jamais infructueuses.

Rien n'est plus propre que ces exemples pour vaincre le découragement ou l'indifférence des braves gens, si nombreux en France, qui sont persuadés qu'il n'y a rien à faire.

On entend successivement MM. DECURTYL (de Lyon) et Paul Jouvin (de Grenoble) qui disent les efforts tentés dans la région du Sud-Est.

M. DECURTYL, citant l'exemple de ce qui se passe à Lyon où dans l'espace d'un an les Comités départementaux adhérents au Comité régional sont passés de 380 à 525, engage les membres de l'A. L. P. à créer des centres d'initiative, des centres d'activité : « Mettez-vous, dit-il, au service des localités où notre œuvre pourra être utile. Apportez-leur vos lumières et ainsi, avec ténacité, persévérance et dévouement, vous triompherez de vos adversaires. »

Le rapport très étudié de M. Paul Jouvin sur l'organisation libérale dans l'Isère est très remarqué et très applaudi. M. Piou félicite vivement le distingué et dévoué président de l'A. L. P. dans l'Isère.

Le colonel Dutheil de la Rochère, président du Comité de Toulon, et M. Régis (de Carcassonne) décrivent l'influence de l'A. L. P. dans leurs régions, après des difficultés de début laborieuses et pénibles.

A côté du Comité de Toulon le Comité de la Seyne avec ses 500 adhérents et sa vie intérieure très intense mérite une mention spéciale.

L'arrondissement de Brignoles à la suite de conférences faites compte aujourd'hui 27 Comités.

Dans le département de l'Aude le mouvement d'opposition libérale s'est constitué au début, grâce à un groupement de jeunes composé surtout des différentes associations amicales des écoles de Frères. M. Régis raconte les efforts et les succès de ce groupe depuis son existence, il redit la propagande au moment des dernières élections législatives et municipales ainsi que les résultats obtenus.

M. Privas, des Pyrénées-Orientales, prouve qu'une véritable organisation modèle a été instituée dans le pays et que des cadres solidement organisés permettent d'espérer les meilleurs résultats dans l'avenir. Les préoccupations sociales les plus élevées, dirigées dans un but d'union de toutes les classes sociales, animent les membres des Comités des Pyrénées-Orientales.

M. Coignet, de Cholet, expose la situation de son Comité qui comprend 2.500 adhérents.

M. Piou rappelle au sujet de ce Comité un fait tout à l'honneur des membres de l'A. L. P. et de leur président local.

Lors d'une grève récente de tisseurs à Cholet, le Comité présidé par M. Coignet a organisé des soupes populaires pour toutes les familles des grévistes, il a dépensé des sommes considérables pour empêcher une foule de braves gens de mourir de faim.

M. Simon, du Comité de Beauvais, expose les efforts persévérants et admirables tentés en Picardie par les membres de l'A. L. P. appartenant presque tous à la classe moyenne ou populaire, travaillant à l'atelier ou au bureau, ne disposant que de leur dimanche, et consacrant ce seul jour de loisir à une propagande incessante.

Le Comité de Beauvais, qui possède actuellement un journal quotidien et qui pense avoir bientôt des journaux cantonaux, a organisé un cercle où les adhérents urbains et ruraux peuvent venir se grouper et causer, des réunions trimestrielles de tous les Comités cantonaux, enfin des patronages aujourd'hui florissants où l'on s'applique à développer les institutions de mutualité familiale. Une Fédération des arrondissements va être prochainement constituée.

M. Simon formule un vœu : il voudrait que l'A. L. P. fédérât pour ainsi dire plusieurs départements en une seule région pour faciliter soit au point de vue de la presse ou des conférenciers les moyens pratiques de propagande.

MM. Durouchoux, Mallandain et Mersch résument dans des rapports qui sont écoutés avec un intérêt marqué la situation de leurs Comités dans les quartiers excentriques de Paris, Passy-Auteuil, Montrouge. M. Piou, constatant qu'à Auteuil une Maison du peuple a pu être établie, qu'à Montrouge des institutions sociales nombreuses et florissantes ont pu être fondées, conclut que l'activité et l'énergie des quartiers excentriques et populaires sont plus considérables que celles des quartiers riches.

M. Delbreil, ancien sénateur, de Montauban, donne les plus intéressants détails sur le cercle populaire de Montauban. On y a donné 62 con érences et ce cercle est devenu le foyer d'une intéressante propagande.

M. DE CATHEU, du Comité d'Aigre (Charente) (800 adhérents), expose ses efforts pour la création récente d'une boulangerie coopérative qui s'annonce très prospère et pour la création prochaine d'une laiterie.

M. WARGNIER dit la naissance récente du Comité de Rouen.

MM. SAILLARD, de Civray; de WALL, du Jura; de BEAUMONT, de Saint-Cyprien (Dordogne), attirent l'attention sur la situation de leurs Comités respectifs.

RAPPORT DE M. PERRIN

Sur les Syndicats.

M. Perrin rappelle le vœu émis par le Congrès de l'*A. L. P.* de 1905, en faveur de la création de nombreux syndicats, « instruments de progrès, d'éducation et de pacification sociaux », et montre que la nécessité de l'organisation professionnelle « devient chaque jour plus grande », en présence de la déviation que nos adversaires font subir au mouvement syndical.

Il remercie ensuite les chefs de l'*A. L. P.* de la faveur manifestée par eux à l'égard du mouvement d'organisation professionnelle, notamment les signataires de la proposition de loi déposée au Parlement, il y a un an, et tendant à consacrer légalement cette organisation.

En cette matière, comme en beaucoup d'autres, les mœurs, en précédant les lois, assureront leur vote et leur durée. Le *Syndicat central des Unions fédérales* est né de cette idée.

Ces unions jouent un rôle important, même au point de vue législatif, par leurs interventions auprès des commissions parlementaires; elles ont aussi une haute valeur éducative et corporative.

Tout en restant très nettement distinctes de l'*A. L. P.* et en se gardant d'intervenir dans les questions politiques et électorales, les *Unions fédérales* ont avec la grande ligue des rapports fraternels : leurs grandes fêtes corporatives sont toutes présidées par des personnalités de l'*A. L. P.* Le 22 mars dernier, c'étaient MM. Piou, de Gailhard-Bancel et Reille.

Voilà ce qui a été fait. Il reste encore beaucoup à faire, mais si nous regardons nos adversaires, nous comprendrons que nous pouvons et devons faire autant qu'eux, et même bien davantage :

« Avec plus de puissance qu'eux, parce que nous sommes bénéficiaires de la vérité sociale comme de la vérité religieuse — il n'y en a qu'une en somme —; avec plus de sincérité qu'eux, parce que nous cherchons le mieux-être commun et non pas l'avantage personnel; avec plus d'efficacité qu'eux, parce que nous ferons de l'*action*, tandis qu'ils font seulement de l'*agitation* : quelle puissance nous serions si, partout à côté des Comités de l'*A. L. P.*, où nous dépensons parfois tant de zèle et d'activité, nous nous retrouvions encore en des groupements sociaux et professionnels : Syndicats, puis, à la suite des Syndicats, œuvres coopératives, mutualités, organisation d'enseignement professionnel, etc.! Vivant de la vie matérielle quotidienne, nous préoccupant des préoccupations constantes, et parfois angoissantes, de ceux-là que nous voulons atteindre et conquérir, comme il nous serait facile de les faire nôtres, jusqu'au scrutin inclusivement, le jour du scrutin étant arrivé!

« Faites cela, Messieurs. Que, suivant l'opportunité dont vous serez juges, vos Syndicats et leurs œuvres annexes se réclament de l'*A. L. P.*, ou s'y rallient, ou ne fassent qu'y correspondre; qu'ils aient un lien moral au moins avec les U. F. de Paris, ou qu'ils soient tout à fait indépendants, c'est chose contingente et accessoire. Ce qui est capital, ce qui doit retenir votre attention au terme de ce rapport, c'est la phrase de M. Piou que j'ai déjà citée : Il en est du Syndicat comme de l'Association. Si vous ne savez pas, si vous ne voulez pas en user, ne vous plaignez pas de votre sort, vous êtes destinés à être indéfiniment battus. »

Après avoir applaudi ce rapport, l'Assemblée, fort nombreuse, a voté, à l'unanimité, le vœu suivant :

Le IV° Congrès national de l'A. L. P. émet le vœu :

Que chacun des Comités se préoccupe pratiquement de créer des Syndicats professionnels, ou d'exercer, dans les Syndicats existant près d'eux, une influence de nature à assurer de plus en plus le triomphe du programme social de l'A. L. P.

M. Piou, après avoir chaleureusement remercié tous les représentants des Comités et en particulier M. Perrin définit de nouveau la ligne de conduite de l'A. L. P. Il faut éviter que les Comités soient pris comme moyen d'accès à la politique. Il faut leur donner une direction sociale et surtout ne pas les inféoder à des ambitions personnelles, car agir ainsi c'est aller au-devant des plus regrettables échecs. Il faut inféoder ces Comités sur des dévonements réels et profonds : de la sorte les défaites électorales n'auront aucune influence sur la marche même de l'A. L. P.

La tactique du gouvernement consiste au moyen de statistiques fantaisistes à propager la légende des défaites électorales, légende inexacte.

Par exemple, les statistiques du gouvernement sur les élections au Conseil général sont fictives. On nous groupe avec toute l'opposition, mais il n'en va pas ainsi. Nous ne sommes qu'une fraction de cette opposition, et cette fraction n'a pas été battue.

Il en fut de même aux élections législatives, et à ce propos, l'orateur s'élève contre les revisions d'élections opérées par les Commissions de recensement. Ni aux élections législatives, ni aux élections aux Conseils généraux, ni enfin à celles de Conseils d'arrondissements, le parti libéral n'a subi d'échecs. Nous sommes un grand parti qui a le droit de tenir la tête haute.

La séance est levée à 5 h. 1/2.

ANNEXE

I

L'Administration des Comités.

RAPPORT DE M. SÉVERAC

Dans une séance réservée aux Présidents et Délégués des Comités, qui eut lieu le samedi, avant la séance du matin, M. SÉVERAC, secrétaire général du Comité central, donna des indications concernant le fonctionnement et la bonne administration des Comités.

Nous résumons cette communication.

M. Séverac rappela que dans les précédents Congrès, le Comité Directeur avait attiré l'attention des Comités sur la nécessité d'une organisation administrative ordonnée et méthodique, dont les règles sont tracées dans les statuts et le règlement intérieur remis à nos Comités au moment de leur constitution.

Le premier devoir des Comités est de recruter des adhérents en aussi grand nombre que possible, et de veiller avec soin à la perception régulière de la cotisation annuelle prévue par les statuts.

L'expérience démontre que presque tous les adhérents sont disposés à renouveler, mais que le Comité doit se charger des recouvrements. Pour cela les moyens pratiques ne manquent pas : selon ses ressources, le Comité peut avoir ou un secrétaire rétribué, ou un collecteur intéressé, à qui on donne tant pour cent sur les recettes, ou des collecteurs dévoués qui se chargent gratuitement de voir un certain nombre d'adhérents.

L'article 5 du règlement intérieur abandonne aux Comités 75 % des cotisations, pour leurs besoins propres, et leur demande de verser 25 % au Comité central. Sans cette contribution, il serait impossible d'assurer le fonctionnement des nombreux services qui contribuent à la marche de l'ensemble de l'Association.

Plusieurs de ces services ont un caractère d'utilité pratique dont peuvent bénéficier nos Comités, tels : la Section sociale, fournissant tous renseignements sur les institutions sociales (mutualités, syndicats, coopérations, etc.), le Comité consultatif de contentieux, la bibliothèque circulante, la Section des conférences.

L'emploi des 75 % laissés aux Comités est déterminé par l'article 6 du règlement intérieur prescrivant aux Comités de s'entendre avec le Comité Central pour la disposition des fonds dépassant la somme totale nécessaire à leurs frais généraux. L'administration générale de l'Association appartient, en effet, au Comité Directeur, et s'il est désirable que les Comités fassent usage de leurs ressources dans le but de développer l'*A. L. P.* (journaux, institutions sociales, participation aux élections partielles), il est indispensable aussi qu'ils agissent avec l'assentiment du Comité Directeur et qu'ils évitent d'engager des dépenses pouvant leur causer des embarras financiers.

D'ailleurs tout ce qui intéresse nos Comités locaux intéresse également l'ensemble de l'Association et doit être connu du Comité Directeur. Nous prions les Présidents de ne pas négliger les dispositions de l'article 4 du règlement intérieur, c'est-à-dire d'entretenir des relations constantes avec le Comité central, et de le mettre chaque année au courant de tous les actes importants qui ont marqué la vie sociale des Comités, au point de vue tant de leur propagande extérieure que de leur organisation administrative.

Voici la fin du rapport de M. Séverac :

Nous ne saurions trop insister pour obtenir de nos amis qu'ils s'astreignent à accepter toutes les conséquences qu'implique l'idée d'association.

S'il n'y a pas un lien très puissant entre les rouages de notre organisation et les reliant tous à un point central, si chacun de ces rouages entend vivre de sa vie propre sans vouloir contribuer à la vie de l'ensemble, nous retomberons dans tous les inconvénients de la dispersion des efforts qui a été en grande partie la cause de nos défaites.

Dans notre Association, il doit y avoir une complète solidarité comme dans une mutualité.

Et c'est, en effet, une Association de défense mutuelle que nous devons constituer contre les sectaires qui attaquent, non seulement notre foi et nos principes, mais encore nos intérêts matériels.

Pour profiter des avantages d'une mutualité, il faut en remplir les charges.

Si on veut avoir une caisse commune, il faut que cette caisse soit alimentée par tous les participants. Si on veut que cette caisse soit bien administrée, il faut la confier à une direction éclairée, également soucieuse du bien général et du bien de chacun.

Dans notre Association cette caisse est destinée à faire face aux dépenses intéressant la marche de l'ensemble de l'Association et à venir en aide, si possible, aux Comités qui traverseraient une phase un peu difficile, mais ceux-ci seraient bien mal venus à réclamer un secours s'ils n'ont pas contribué à la constitution du fonds commun.

Si nos Comités attachent aux questions administratives toute leur importance, ils trouveront des ressources leur permettant de nous aider plus efficacement dans la diffusion de notre propagande, et ils n'hésiteront pas à bénéficier des avantages que nous leur proposons en leur offrant, à des prix très réduits, des publications intéressantes comme, par exemple, le livre de M. Flornoy, notre Almanach, les circulaires de notre Comité de Contentieux.

Le Comité Directeur prie instamment les Comités de mettre tout leur zèle et leur dévouement à la tâche, un peu ingrate mais féconde, de l'observation des prescriptions de notre règlement intérieur. Nos Comités savent bien, d'ailleurs, que le Comité central leur rend, sous une forme quelconque, ce qu'il reçoit d'eux.

On a dit que, dans les époques de troubles et de violences, l'individu isolé est perdu, — qu'il ne vaut que comme membre d'un groupe fortement organisé.

Faisons de l'A. L. P. ce groupe puissant par le nombre de ses adhérents, par la cohésion de ses Comités, par l'importance de ses ressources, et, si Dieu le permet, après avoir été la protection et la sauvegarde de ses membres, elle deviendra le salut de notre cher pays.

DEUXIÈME JOURNÉE

Samedi 9 Novembre 1907.

L'IMPOT SUR LE REVENU

La séance est ouverte à 9 h. 1/4.

M. LE PRÉSIDENT. — Je vous remercie d'être venus si nombreux à cette séance et de ne pas avoir reculé devant l'aridité du sujet auquel elle est consacrée. L'impôt sur le revenu, d'ailleurs, pour n'être pas de ces questions générales qui enthousiasment, n'en est par moins d'une actualité très grande.

Beaucoup d'entre nous le considèrent comme une menace et le repoussent; d'autres voient en lui l'attrait d'une nouveauté et aux questionnaires qui ont été adressés par l'A. L. P. des réponses extrêmement intéressantes ont été faites.

C'est sur ces réponses, classées d'après leur teneur, que vous allez entendre le rapport fait par M. Fruchier.

Après cette lecture, la discussion sera ouverte : j'entends un échange de vues, duquel, nous l'espérons, résultera non pas la solution du grand problème fiscal, mais une formule générale autour de laquelle nous pourrons nous rallier, afin d'avoir, ainsi qu'il convient à une Association comme la nôtre, une opinion commune sur une question aussi importante.

La parole est à M. Fruchier pour la lecture de son rapport :

RAPPORT DE M. RAOUL FRUCHIER

Sur l'impôt sur le revenu.

MESSIEURS,

Les économistes de tous les temps ont donné bien des définitions de l'impôt.

Les uns ont dit qu'il est « la contribution exigée de chaque citoyen pour sa part dans les dépenses du gouvernement »; les autres qu'il est « le prix des services rendus par l'Etat »; ceux-ci, qu'il ne constitue qu'une « prime d'assurance payée par le contribuable à l'Etat considéré comme assureur »; ceux-là qu'il représente « les sommes que chaque citoyen prélève au profit de l'Etat, sur la propriété : capital, revenu ou salaire, et qui forment la part pour laquelle il contribue aux charges sociales ». Une adresse de l'Assemblée constituante, rédigée par Mirabeau, proclame que l'impôt est une « dette commune des citoyens, une espèce de dédommagement et le prix des avantages que la société leur procure ».

Mais, vous le voyez, Messieurs, sous ces définitions et bien d'autres dont je vous fais grâce, simples ou prétentieuses, exactes ou approximatives, c'est toujours d'un appel à votre bourse qu'il s'agit, d'un devoir et par conséquent d'un effort à accomplir. Or, l'effort, si nécessaire soit-il, est, en général, plutôt pénible que séduisant et j'ai grand besoin de toute votre bienveillance pour me faire pardonner l'aridité de ce rapport, à raison de l'ingratitude même du sujet.

A côté, et même au-dessus de nos droits dont on nous parle trop exclusivement aujourd'hui, nous sommes assujettis à des devoirs, et l'acquittement de l'impôt est un de ces devoirs.

Il découle, en effet, de la loi morale que l'homme doit *contribuer* à l'ordre et à la conservation de la société dans laquelle il vit, le citoyen, aux charges de l'Etat auquel il appartient et qui protège par des lois son existence, sa liberté et ses biens. De là la nécessité et la légitimité de la *contribution*, ou impôt.

Nécessaire et légitime, l'impôt, pour répondre à la loi morale, doit être *juste* : un peuple supporte mieux une taxe plus lourde équitablement répartie, qu'une taxe moindre répartie arbitrairement.

L'impôt, pour être juste, doit être *utile*, *général*, *proportionnel* :

Utile, c'est-à-dire n'être perçu que pour faire face à des dépenses utiles. Il ne doit point prendre au peuple sur ses besoins réels pour des besoins irréels de l'Etat. L'utilité des dépenses est donc la limite nécessaire de l'impôt et, si les dépenses sont inutiles, les facultés des contribuables pussent-elles les supporter, l'impôt sera injuste, car il doit se mesurer non à ce que le peuple peut, mais à ce qu'il doit donner. La justice commande que l'impôt n'excède jamais les services réels de l'Etat et que chacun soit à portée de se convaincre de la fidélité et de l'utilité de son emploi; c'est ainsi, par exemple, que l'impôt cesse d'être utile si l'Etat rétribue un nombre manifestement excessif de fonctionnaires pour assurer des services auxquels un nombre moindre suffirait, ou s'il rétribue certains d'entre eux avec une largesse non moins excessive : en France, d'après les dernières statistiques officielles, on compte, au 1er janvier 1907, 870.589 fonctionnaires dont 262.078 rétribués par les départements et les communes et 608.511 par l'Etat, alors qu'on n'en comptait que 250.000 en 1870; et le chiffre afférent à leur rétribution a passé, en trente-cinq ans, de moins de 300 millions à un milliard environ.

La seconde condition, pour que l'impôt soit juste est qu'il soit *général*, — c'est-à-dire réparti indistinctement sur tous les citoyens : seule l'extrême indigence peut être un titre d'exemption, parce qu'elle constitue l'impossibilité absolue et notoire de payer. Tous les citoyens bénéficient de la tutelle de l'Etat; ses services sont constitués dans l'intérêt de tous; voirie, éclairage, instruction, hygiène, assistance, servent également à tous et davantage même souvent à la partie la moins fortunée de la nation. A ceux mêmes qui ne possèdent d'autres biens que le produit de leur travail, l'Etat assure la protection de leurs personnes et de leurs droits, et l'on peut, avec Paul Leroy-Beaulieu, poser ce principe, que « l'impôt universel est le corollaire nécessaire du suffrage universel ».

L'impôt, enfin, pour être juste, doit être *proportionnel*, c'est-à-dire en rapport exact avec les facultés du contribuable, la dépense du gouvernement étant, à l'égard des citoyens d'un Etat, ce que les frais de régie sont à l'égard des copropriétaires d'un domaine qui sont obligés tous de contribuer à ces frais, en proportion de l'intérêt qu'ils ont respectivement dans ce domaine. L'impôt doit donc être établi suivant cette règle très simple et facilement applicable d'un taux uniforme pour tous les revenus de même nature et indépendamment de leur quantum, c'est-à-dire suivant la proportionnalité.

Le système de la progressivité, au contraire, bien qu'il ait séduit nombre d'économistes, est incontestablement sans fixité, n'ouvre de perspective que sur l'arbitraire, sinon sur l'absurde, et pousse inévitablement à la dissimulation de la fortune, à l'émigration des capitaux, à la diminution de l'épargne et au découragement des initiatives individuelles et de l'esprit d'entreprise.

Lorsqu'elles sont injustement disproportionnées, les charges sociales, que le devoir naturel commande à tout citoyen d'acquitter, loin de stimuler l'activité et l'industrie humaine les découragent et les paralysent; et c'est ici, dans cette ville qui fut son berceau, qu'il convient de citer cette pensée de Montesquieu, toujours vraie et toujours actuelle après un siècle et demi écoulé : « La nature est juste envers les hommes. Elle les récompense de leurs peines; elle les rend laborieux, parce que, à de plus grands travaux, elle attache de plus grandes récompenses. Mais, si un pouvoir arbitraire ôte les récompenses de la nature, on reprend le dégoût pour le travail, et l'inaction paraît être le seul bien. »

Tels sont, Messieurs, les principes universellement admis, dont doivent, selon nous, dériver les règles d'un régime fiscal juste dans un Etat libre.

Notre système actuel d'impôts directs, les seuls dont nous avons à nous occuper, est-il en harmonie avec ces principes? Le projet de M. Caillaux, ministre des finances, les respecte-t-il?

C'est à ces importantes questions que nous allons essayer de répondre sommairement, en analysant, au fur et à mesure, les réponses que leur ont données eux-mêmes cent Comités de l'*A. L. P.* sur le questionnaire de leur Comité central.

L'impôt direct est, en principe, le plus équitable, à la condition, toutefois, qu'il soit réel et non personnel, c'est-à-dire qu'il atteigne la matière imposable, soit par le mode de la répartition, soit par celui de la quotité, au lieu de frapper les personnes par la capitation. Mais il n'en est pas moins fort difficile de bien asseoir l'impôt direct et l'on ne saurait contester que nos principales taxes françaises, nos quatre contributions que l'on s'accoutume d'appeler plus familièrement nos « quatre vieilles », ont conservé dans leur âge avancé des défauts que le temps a plutôt aggravés que corrigés.

L'impôt *personnel et mobilier* comprend, en réalité, deux contributions très distinctes : une taxe personnelle de capitation uniforme et nécessairement dénuée de proportionnalité, que tout le monde doit payer; et une taxe mobilière réelle sur la valeur locative de l'habitation, ou, plus exactement, sur le revenu que le chiffre du loyer fait présumer.

Il est, tout d'abord, regrettable que ces deux taxes, dont la première pourrait, sans difficulté ni inconvénient, revêtir le caractère d'une contribution de quotité, soient réunies par la loi en un seul impôt de répartition. On donne ainsi aux Conseils généraux un pouvoir dangereux, car la taxe personnelle étant uniformément fixée à la valeur de trois journées de travail et la valeur de la journée pouvant, au gré de ces conseils, varier de 50 centimes à 1 fr. 50, il leur est loisible d'aggraver la capitation au profit de ceux qui paient un loyer élevé ou de charger, au contraire, plus lourdement ceux-ci en dégrevant les contribuables astreints au seul impôt personnel.

Quant à la contribution mobilière elle-même, la présomption sur laquelle elle repose est trop souvent mal justifiée : il n'est pas rare, en effet, qu'à revenu égal, deux individus qui sont l'un célibataire, et l'autre père d'une nombreuse famille soient amenés, par ces circonstances même, le premier à se contenter d'un loyer peu élevé et le second à subir nécessairement une location très onéreuse. D'autre part et notamment dans les petites villes et les campagnes où, sans être jamais louées, les maisons sont, la plupart du temps, habitées par leurs propriétaires, l'évaluation de la valeur locative est loin d'être affranchie de l'arbitraire et se ressent trop, malheureusement, des préférences ou des rancunes que dans une démocratie les rivalités politiques engendrent jusque dans les plus petits des hameaux.

L'impôt personnel et mobilier prête donc à des critiques qui n'ont pas échappé à l'examen des Comités consultés. Nombre de ceux-ci formulent celles que nous venons d'esquisser et demandent qu'il soit, dans l'application de cet impôt, tenu compte des charges de famille.

Des réponses particulièrement documentées ont été notamment transmises sur cette question comme sur les suivantes par les comités de Romilly-sur-Seine, Saint-Étienne-la-Cigogne, Valence, Luxeuil, Le Puy, Cette, Bordeaux, Veneux-Nadon, Amiens, Sens, Ollioules, Annecy, Paris-Muette, Paris-Monceaux.

L'impôt des *portes et fenêtres* a le tort très grave de frapper ce qu'il conviendrait au contraire d'encourager : la distribution nécessaire à l'homme de l'air et de la lumière dans les habitations. Ces éléments sont indispensables au pauvre comme au riche et le premier est condamné par l'impôt, soit à compromettre sa santé, soit à sacrifier une part trop importante et disproportionnée de ses ressources. La presque unanimité des réponses des Comités consultés tend à la suppression pure et simple de cet impôt et, pour la plupart, à ce qu'il soit incorporé à la contribution des propriétés bâties et le déficit résultant de sa suppression récupéré par une légère majoration du taux de la quotité de cette contribution.

L'impôt des *patentes* est une taxe établie sur les profits que les industriels, les commerçants et les personnes exerçant certaines professions libérales sont présumés réaliser. Il ne laisse pas de soulever aussi, comme tous les impôts, hélas! certaines récriminations, bien que le nombre des employés et des métiers, l'importance des locaux et leur valeur locative, qui lui servent d'assiette, soient des bases relativement fixes. On lui reproche surtout de ne point peser suffisamment sur les grands magasins au détriment du petit commerce. D'autre part, les conditions matérielles dans lesquelles s'exercent deux industries différentes n'ont pas une influence certaine sur les bénéfices de ces industries : de là, des inégalités de taxation flagrantes que quelques-uns des Comités consultés proposent de corriger en utilisant certains signes extérieurs jusqu'ici négligés, tels que les résultats financiers publiés, les prix courants, etc. D'autres émettent le vœu que les Chambres de commerce et syndicats soient consultés sur les bases d'un remaniement des tarifs et de la classification des patentes en vue de les mieux proportionner aux réalités des bénéfices commerciaux.

L'impôt *foncier* frappe d'une taxe de quotité la propriété bâtie et d'une taxe de répartition la propriété non bâtie. — Pour cette dernière, notamment, bien qu'elle paraisse offrir la base la plus certaine, la plus visible, la plus fixe, c'est-à-dire la terre elle-même, la difficulté d'une assiette équitable semble presque insoluble. Cet impôt est prélevé sur le revenu net de la propriété non bâtie et le taux en varie avec une inégalité flagrante et inacceptable. Il résulte, en effet, des documents officiels les plus récents que la taxe varie *en principal* tout d'abord de :

3 fr. 02 % du revenu net à	4 fr. 50 %	entre départements,
2 fr. 26 % »	5 fr. 37 %	entre arrondissements du même département.
1 fr. 39 % »	8 fr. 29 %	entre cantons du même arrondissement.
0 fr. 35 % »	19 fr. 34 %	entre communes du même canton.
0 fr. 54 % »	28 fr. 90 %	entre parcelles d'une même commune.

Et ces inégalités prennent des proportions vraiment monstrueuses si, au lieu de s'en tenir à observer le *principal* de l'impôt, c'est-à-dire la part afférente à l'État, on considère ce principal en lui adjoignant les *centimes* départementaux et communaux : dès lors, le dernier propriétaire qui payait au percepteur 28 fr. 90 p. 100 du revenu net de sa parcelle, quand son voisin payait seulement 0 fr. 54 centimes p. 100 du revenu de la sienne, paiera 72 fr. 02 p. 100 et le second seulement 1 fr. 30 p. 100 : le premier paiera 55 fois plus d'impôt que le dernier pour un revenu net de 100 francs. Ajoutons qu'il n'est même pas rare de trouver des parcelles payant un impôt égal et même supérieur à leur revenu net.

D'autre part, alors que la loi du 8 août 1890 a transformé la taxe foncière des propriétés bâties en un impôt de quotité qui soumet tout propriétaire de maison ou d'usine au taux, uniforme pour toute l'étendue du territoire, de 3 fr. 20 p. 100 du revenu net de son immeuble, la propriété non bâtie demeure soumise à un impôt de répartition imprécis et variable.

La nature de cet impôt lui donne, à l'égard de l'État, cet avantage sur l'impôt de quotité qu'il établit entre tous les contribuables d'un département une solidarité au moyen de laquelle le recouvrement de la somme nécessaire au Trésor est toujours assuré et sans déficit possible, puisque ce qui n'est pas payé par les uns retombe à la charge des autres. Mais, par ce caractère même, il est injuste pour les contribuables eux-mêmes et notamment dans les régions rurales qui se dépeuplent au profit des villes et où la superficie des terres cultivées décroît.

Ajoutons enfin que les droits et taxes qui s'attachent à la mutation de la propriété foncière, à chaque fois qu'elle change de main, achèvent de l'accabler ; un seul exemple comparatif suffit à le démontrer : la transmission d'une terre de 50.000 francs donne lieu, en droits de timbre, enregistrement, officiers ministériels, purge, etc., à la perception de 5.000 francs environ, soit du 10 p. 100, alors que la transmission en bourse d'une valeur mobilière égale de 50.000 francs coûte seulement 5 francs d'impôt, soit 1/10.000 p. 100.

L'improportionnalité est flagrante et constitue une injustice qui ne saurait se perpétuer.

Aussi la réponse des Comités consultés est, peut-on dire, unanime, en ce qui concerne l'impôt qui frappe la propriété non bâtie. Quelques-uns demandent la réfection du cadastre, qui, malheureusement, longue et coûteuse, nécessiterait, d'après les conclusions de la Commission extra-parlementaire instituée pour étudier cette importante question, un délai minimum de trente ans et une dépense d'au moins six cents millions ; cette dépense pourrait faire hésiter le Parlement et ce délai décourager les contribuables.

Mais tous vos Comités, Messieurs, émettent le vœu qu'une nouvelle évaluation du revenu foncier — mesure simple et d'une réalisation peu onéreuse — soit faite sans délai et renouvelée ensuite par périodes décennales ou bidécennales. S'il faut d'ailleurs en croire les plus récentes informations de la presse, M. Caillaux, ministre des finances, aurait compris la nécessité de déposer d'urgence un projet de loi conçu dans cet esprit et de mettre enfin un terme à une véritable iniquité fiscale.

Telles sont, sommairement résumées, les imperfections que l'on relève, en général, dans notre système d'impôts actuel et les critiques auxquelles il a donné lieu dans l'enquête ouverte par l'*A. L. P.*

Ces imperfections, d'ailleurs incontestables, n'ont pas manqué de frapper l'attention des législateurs et des économistes qui se sont, tour à tour, préoccupés des moyens à employer pour les corriger. Au lieu d'atteindre les divers revenus donnés par le travail, l'industrie, la terre, et cela par induction fondée sur les signes extérieurs et notamment sur la valeur locative, on a, depuis longtemps, eu la pensée de frapper directement tous les revenus ou le revenu en général.

L'impôt sur le revenu existe chez quelques nations, l'Angleterre, l'Allemagne, l'Italie, et certains cantons de la Suisse, mais nulle part comme taxe unique et partout combiné avec d'autres impôts.

On ne songe pas à nier aujourd'hui que l'impôt sur le revenu, qui remplirait les conditions nécessaires de justice, serait le moins critiquable de tous, mériterait d'obtenir une préférence marquée et ne manquerait pas de conquérir une rapide et légitime popularité, s'il était aussi facile comme perception qu'équitable comme principe. Mais comme il est assis sur la déclaration du contribuable contrôlée par l'agent du fisc, on lui reproche de demander plus à l'homme honnête et vivant au grand jour qu'à l'homme dissimulé et sans conscience et de donner lieu à des procédés inquisitoriaux odieux.

Bien des projets d'impôts sur le revenu ont été tour à tour proposés en France depuis 1848. Parmi les plus récents, on peut noter ceux de M. Doumer en 1896, de M. Peytral en 1898 et de M. Rouvier en 1903. Le premier, inspiré de l'*Einkommensteuer* prussien, provoqua dans le Parlement et le pays une réprobation presque universelle qui nécessita son abandon. Les deux autres évitaient, ou s'efforçaient d'éviter l'arbitraire et l'inquisition, mais n'ont guère reçu un meilleur accueil.

Enfin, actuellement, un projet beaucoup plus radical a été déposé par M. Caillaux qui tend à la suppression des quatre contributions directes en principal, c'est-à-dire en ce qui concerne la part de l'État, établit un impôt nettement progressif sur le revenu et modifie les taxes sur les valeurs mobilières.

Mais, tout d'abord, ce projet repose sur une grave équivoque et, disons le mot, sur un véritable leurre. Ce n'est pas, en effet, de la suppression intégrale de nos contributions actuelles qu'il s'agit, mais seulement de leur principal et non des centimes départementaux et communaux; or, ceux-ci, avec un total de 466 millions, atteignent presque le principal, soit la part revenant à l'État, qui est de 501 millions, et pour l'impôt le plus lourd, celui sur la propriété non bâtie, excède même la part de l'État de près de 50 millions. Ce ne sont pas là, quoi qu'en puisse penser le ministre, des quantités négligeables et la réalisation de son projet ne manquerait pas d'infliger d'amères déceptions à nos populations rurales. Ce n'est, pour elles, pas même sur la moitié de l'impôt foncier que porterait la réforme et encore, pour la part sur laquelle elle porterait effectivement, les dégrèvements proposés seraient presque compensés par un impôt nouveau sur les bénéfices agricoles.

Le ministre a d'ailleurs été contraint de faire au pays l'aveu peu rassurant que son projet surchargerait les fortunes moyennes, petit commerce et petite industrie, de taxes auxquelles les grosses fortunes pourraient aisément se soustraire.

D'autre part, les « sondages » auxquels a fait procéder le ministre semblent bien avoir, en général, démontré que les agents du fisc en sont réduits à établir leurs évaluations sur des données conjecturales, et le recours à l'arbitraire et à l'inquisition s'imposera dans la plupart des cas, au gré des commissions de taxation. La composition même de ces commissions composées d'un fonctionnaire, le percepteur, du maire, qui est souvent un homme de parti, et de quatre délégués du préfet, qui est toujours un agent politique du gouvernement, livre sans merci le contribuable au caprice et à la passion des politiciens. « Il y aura, dit avec esprit M. Paul Leroy-Beaulieu, suivant un classement qui fit beaucoup de bruit, il y a deux ou trois ans, la cote de *Corinthe*, c'est-à-dire de ceux du *bon parti*, et la cote de *Carthage*, ceux du *mauvais parti*; on abaissera la cote des Corinthiens, on élèvera celle des Carthaginois. »

Pour découvrir la matière imposable, le projet déclare (art. 29 et 30), que l'État recourra à tous les « moyens quelconques » et procédés d'investigation, « procès-verbaux dressés par les agents de l'enregistrement, les officiers de police judiciaire, les agents de la force publique, ceux des contributions directes et des contributions indirectes, des douanes et des postes », c'est-à-dire la fouille des bagages et des personnes des voyageurs et la violation des correspondances pour la recherche des valeurs ».

Sans être tous aussi familiers des classiques latins que le général André, nos contribuables ont compris d'instinct qu'il n'est pas permis à tout le monde d'aller à Corinthe; ils ont flairé qu'ils pourraient bien être relégués dans cette Carthage dont il faut à tout prix consommer la ruine; aussi, Messieurs, sur cent de nos Comités consultés, soixante-dix repoussent nettement tout impôt sur le revenu; trente seulement s'en déclarent partisans en principe et sur ce nombre la plupart rejettent le projet Caillaux, n'admettent pas l'impôt global et n'acceptent l'impôt progressif qu'à la condition qu'il soit appliqué sous une Constitution assurant l'esprit de justice de ceux qui gouvernent.

Pourquoi hésiterions-nous, Messieurs, à reconnaître que nous partageons, en ce qui nous concerne, l'avis de ces derniers et à formuler ainsi une opinion personnelle qui, sans engager en rien l'A. L. P., n'est nullement déplacée dans une Association dont personne n'ignore plus la largeur de vue et la hardiesse à accepter les nouveautés favorables à la masse du pays.

Nous croyons sincèrement et fermement que, sous une Constitution vraiment libérale, avec le régime électoral de la représentation proportionnelle, qui permettrait, sous le contrôle des minorités, de rendre l'impôt progressif légitime par le libre consentement des représentants de tous les contribuables, avec des organisations professionnelles dont les élus pourraient, en pleine connaissance de cause, répartir consciencieusement les taxes, il serait possible d'établir l'impôt sur le revenu avec toutes les chances de succès.

Mais, aussi sincèrement et aussi fermement, nous n'hésitons pas à dire que, sous nos institutions actuelles et avec les pratiques gouvernementales que nous subissons, tout impôt progressif, ou même simplement proportionnel sur le revenu, constituerait, dès le premier jour, un instrument politique odieux de vexations et de persécutions.

Bornons donc, à l'heure présente, nos vœux à demander, et sans espoir immédiat, plus d'équité dans notre régime fiscal actuel.

Lorsqu'il fut institué, il y a plus de cent ans, la fortune de la France était presque exclusivement immobilière et c'était naturellement sur la terre que devait peser l'impôt nécessaire à l'acquittement des charges du pays, mais l'évolution économique a, presque chaque année davantage, déplacé la richesse et grandi dans des proportions colossales la fortune mobilière. La plus élémentaire équité commande de faire peser sur celle-ci davantage et suivant un plus juste équilibre le poids des impôts nationaux et de dégrever, dans la même proportion, la terre surchargée.

La même équité commande de demander plus à la fortune acquise et déjà constituée en capital, qu'à la fortune en formation par le travail et l'épargne qui doivent être encouragés.

Le véritable esprit de réforme de l'impôt commande enfin une plus rigoureuse économie qui puisse, dans les temps de prospérité, permettre la réalisation de plus-values et, par voie de conséquence, la suppression ou l'atténuation progressive des taxes les plus défectueuses.

Messieurs, telles seront nos conclusions. Il est loisible sans doute de les formuler en des vœux moins généraux et plus concrets, mais telles qu'elles sont, elles répondent fidèlement, selon nous, aux aspirations que révèle la consultation de nos Comités et aux revendications légitimes de la majorité des contribuables français. (Applaudissements.)

Après avoir remercié M. Fruchier de son très intéressant rapport, M. le Président déclare la discussion ouverte :

UN DÉLÉGUÉ. — Je n'ai pas compris comment une constitution bien faite doit empêcher aux représentants de la Nation de donner à la progression de l'impôt une forme trop exagérée.

LE RAPPORTEUR. — Vous n'ignorez pas qu'on a mis à l'étude de l'*Action Libérale* un projet de réforme constitutionnelle dont il sera question cet après-midi et dont on traitera une partie : la décentralisation.

Ce projet met en relief ce principe, que l'impôt, pour être juste, doit être librement consenti par le contribuable ou par son représentant.

Si donc, d'une part, nos lois constitutionnelles établissaient en France la représentation proportionnelle des minorités, ou, plus exactement, la représentation universelle;

Si, d'autre part, une sage organisation des groupes professionnels, telle que la prévoit le même projet, faisait une place légitime aux intérêts; si l'agriculture, le commerce, l'industrie, les professions libérales, devenus par leurs délégués les électeurs exclusifs du Sénat, et à l'exclusion des agents du pouvoir, chargés de la répartition de l'impôt et de l'évaluation des revenus agricoles, commerciaux, industriels, professionnels, nous croyons sincèrement et fermement qu'il y aurait là de telles garanties de moralité, de probité et de sécurité que l'impôt proportionnel sur le revenu pourrait être établi et même conquérir une rapide et juste popularité; nous croyons même que plus tard, et quand les rouages constitutionnels auraient fait leurs preuves, l'essai de la progressivité pourrait sans crainte être tenté en France.

M. LE PRÉSIDENT. — La question posée est celle-ci : pensez-vous qu'une constitution plus saine permettrait d'éviter l'arbitraire quant à la limite de la progressivité? Ne doit-on pas admettre, sinon craindre, que cette progressivité ira croissant suivant les besoins?

Je ne vais pas aussi loin que M. Fruchier, mais à supposer que, sous la constitution projetée, des lois justes et durables soient faites et appliquées par des hommes essentiellement intègres, nous ne redoutons plus la progressivité et nous n'appréhendons pas qu'elle excède les justes limites. Mais n'est-ce pas là un rêve?

UN DÉLÉGUÉ. — Je ne sais pas si j'ai bien compris; mais je ne vois pas si M. Fruchier repousse absolument la progressivité.

M. LE RAPPORTEUR. — Je m'oppose à la progressivité en principe. J'ai même dit qu'elle ne pouvait ouvrir de perspectives que sur l'absurde et l'arbitraire; mais j'ai dit aussi qu'avec un gouvernement intègre, on pourrait aborder la question de la progressivité.

UN CONGRESSISTE fait observer que la progressivité laissera certainement moins de fixité dans les ressources budgétaires et que successivement la classe de contribuables la plus maltraitée, celle qui paiera l'impôt le plus lourd disparaîtra.

M. VILLENEAU. — Nous n'avons aucune confiance dans les garanties constitutionnelles en matière d'impôt. S'il est un Etat offrant des garanties constitutionnelles c'est bien l'Allemagne, ce qui n'empêche pas, contrairement à certaines enquêtes que l'on fait varier suivant les besoins de la cause, que chaque fois qu'on va demander l'opinion des contribuables allemands il y a des plaintes presque unanimes contre l'impôt sur le revenu.

Il est entendu qu'impôt sur le revenu signifie : les petits ne paieront rien, et les gros paieront tout! Mais on n'a pas du tout l'idée de le présenter comme une meilleure répartition des charges fiscales; ce que l'on veut, c'est exciter tous les sentiments de haine et d'envie et se faire une popularité électorale.

Tous les projets d'impôts sur les revenus déposés devant la Chambre ont cette tare. — En ce qui concerne les réformes constitutionnelles, — nous allons voir dans un pays qui a des mœurs libres, — comment fonctionne l'impôt sur le revenu.

En Suisse, il paraît que cela fait des ' .icultés, et l'année dernière un de nos confrères, M. Hutin, allait interwie er M. Poincaré, avec qui M. Pelletan venait de rompre plusieurs lances.

M. Poincaré répondit : On nous objecte qu'en Suisse la déclaration se fait sans difficultés et qu'on n'a pas besoin de contrôler les déclarations des contribuables : c'est exact ! mais vous allez voir les résultats de l'enquête officielle que j'ai fait faire en Suisse.

L'impôt sur le revenu n'existe pas au-dessous de 1.500 francs. Dans un village, j'ai trouvé trois personnes comme payant l'impôt sur le revenu : le curé avec 1.900 francs, l'instituteur avec 1.700 francs et un garçon de restaurant avec 1.650 francs; mais le maire de la commune et le secrétaire de la mairie, qui possèdent chacun un hôtel bien achalandé, ont déclaré un revenu inférieur à 1.500 francs, et ils ne paient pas un sou d'impôts. Il faut croire que par ailleurs la Suisse s'y retrouve; et puis elle n'a pas encore une marine et une armée lui coûtant aussi cher que les nôtres.

En Allemagne, chaque fois que l'on enquête, les plaintes les plus vives s'élèvent contre le système d'impôt sur le revenu.

Vous prenez l'exemple de l'Angleterre! Mais toutes les constitutions du monde n'effaceront jamais les dissemblances profondes qui existent entre les Anglais et nous. Nos tempéraments sont si différents. qu'avec la Constitution essentiellement anglaise que nous possédons en France actuellement, nous en sommes arrivés à l'irresponsabilité ministérielle, à l'irresponsabilité parlementaire.

Au fond, Messieurs, pour établir cet impôt, on arrive toujours au contrôle de l'Etat, et je ne crois pas que, même avec les meilleures constitutions du monde, nous échappions à l'arbitraire et à l'inquisition. C'est du reste dans le tempérament jacobin, et j'ose dire que quel que soit le Gouvernement qui soit à la tête des affaires, ses agents et fonctionnaires auront toujours un penchant naturel à faire payer davantage aux adversaires du pouvoir et moins à ceux qui le soutiennent.

M. DE VARISAY. — A l'appui de ce que nous a dit M. Villeneau, je crois qu'il a oublié de nous dire que, peut-être, au moment où la France serait sur le point d'adopter l'impôt sur le revenu, les Anglais le supprimeraient, et à l'appui de sa thèse également, je citerai un individu de Manchester qui ne payait pas de taxe parce que trop pauvre, et qui est mort il n'y a pas très longtemps, laissant 50 millions; il est mort subitement, sa famille n'a pas eu le temps de prendre des dispositions, le fisc est intervenu et a constaté le fait.

M. LE RAPPORTEUR. — Il aura du moins payé les droits de succession.(Rires.)

M. DE VARISAY poursuit en déclarant qu'il sera le plus souvent impossible aux répartiteurs de connaître la fortune des contribuables. Il ajoute que dans son pays natal, un petit bourg de 500 habitants, où chacun connaît ou croit connaître son voisin, il lui est arrivé d'être appelé à servir de témoin dans certains actes notariés à des familles qu'il croyait pauvres et qui avaient au contraire des fortunes considérables. et à d'autres qui derrière la façade d'un grand train de maison cachaient... des dettes.

M. CUGULIÈRES émet le vœu que les valeurs étrangères soient soumises à un impôt. Une telle taxe serait, semble-t-il, une nouvelle source de revenus pour le fisc et permettrait un dégrèvement équivalent des charges trop lourdes qui accablent la propriété rurale.

M. LE PRÉSIDENT observe que l'épargne française se porte très volontiers sur les valeurs étrangères. Frapper ces valeurs d'un impôt, ce serait instituer une véritable prime à l'émigration de nos capitaux et amener des conséquences funestes devant lesquelles M. Caillaux lui-même a hésité d'abord et définitivement reculé ensuite.

M. LE RAPPORTEUR. — Il y a cependant quelque chose à trouver; il est bien certain qu'il existe, au point de vue fiscal, une différence intolérable de traitement entre la propriété immobilière et les valeurs mobilières; tout le monde sait que la négociation en Bourse de ces dernières n'est soumise qu'à un impôt dérisoire de cinq centimes pour mille francs.

M. DUROUCHOUX. — Je veux faire une réflexion au sujet de la valeur théorique de l'impôt sur le revenu.

Dans les divers projets, à partir d'un certain chiffre, toute progression cesse, et c'est ainsi qu'en matière de succession la taxe progressive s'arrête actuellement à deux millions, je crois. Les partisans de l'impôt progressif ont depuis longtemps fait remarquer l'évidente injustice de cette limitation et objecté avec raison que le possesseur de cinq millions devait payer suivant une progression bien plus élevée que le propriétaire de deux millions, celui qui jouit de dix millions encore bien davantage. Cette logique est irréfutable mais il est clair que mathématiquement elle conduit, lorsqu'on atteint à un chiffre très élevé déterminé, à la confiscation intégrale. Tel est le principe que renferme l'impôt progressif sur le revenu et il ne faut, dès lors, pas s'étonner que cet impôt trouve ses plus chauds partisans dans les socialistes qui poursuivent la confiscation légale des fortunes.

Qui ne voit, d'autre part, que même avec les gouvernements centralisés que nous subissons en France depuis longtemps et que, en attendant la réalisation des réformes constitutionnelles rêvées, nous subirons sans doute longtemps encore, il dépendra d'un ministre des finances en quête de ressources d'obtenir du Parlement le simple changement d'un chiffre, 11 % par exemple au lieu de 10 %, changement d'autant plus facile à consentir qu'il est insignifiant en apparence et qu'en réalité cette modification sera un pas de plus vers la spoliation totale que, pour ma part, je repousse de toutes mes forces.

M. DE PALOMERA constate que l'impôt sur le revenu n'améliorera nullement le sort des classes pauvres, frappera de préférence les classes moyennes et épargnera les détenteurs des grosses fortunes. Aussi bien les petits industriels, les petits commerçants qui constituent la classe moyenne, aveuglés d'abord par des promesses éblouissantes commencent à rouvrir les yeux et à se ressaisir. Nombreux sont ceux qui se sont constitués en associations locales et en fédérations régionales, bien décidés à ne plus se contenter d'émettre des vœux, mais à traduire à leur barre les candidats et à leur refuser leurs suffrages, s'ils se déclarent partisans de l'impôt sur le revenu.

Il est utile, indispensable d'encourager et de soutenir ce mouvement qui est très accusé, et de combattre sans relâche dans des conférences le projet Caillaux qui, si arbitraire qu'il soit, pourrait pourtant être accepté par le Parlement sous l'apparente poussée d'une opinion mal éclairée, ou pour donner satisfaction à des appétits déchaînés.

M. DE GRANDMAISON. — Je regrette très vivement de ne pas être sur tous les points de l'avis de M. Villeneau et du précédent orateur. On ne se trouve, en effet, à l'heure actuelle, plus en présence du projet Caillaux mais bien du projet de la commission, du projet de M Renoult. Or, ce projet, il faudra y veiller dans les réunions publiques désormais, ce projet sera évidemment populaire le jour où il sera connu, par le seul fait qu'il consiste en dégrèvements excessifs à la base, et en surcharges au sommet. Voici d'ailleurs, si ce projet était voté, et d'après les données qu'il prend soin de nous fournir lui-même, quelle serait la situation.

La France ayant tous les ans 22 milliards de revenus imposables, il y en aurait 19 qui seront épargnés, de telle sorte que la charge entière de l'impôt sera supportée par 3 milliards, et le nouveau projet est accepté par M. Caillaux. Notez que l'impôt ne commence à peser de façon sérieuse que sur ceux qui dépassent 20.000 francs de revenus nets.

Ce n'est donc plus du projet primitif de M. Caillaux qu'il s'agit, s'attaquant aux fortunes moyennes, mais d'un projet qui vise seules les fortunes que l'on peut dire relativement considérables, car, en France, c'est l'immense majorité des contribuables qui a moins de 20.000 francs de revenus. C'est donc une toute petite minorité qui désormais sera frappée; et vous comprenez bien ce qui se passera lorsqu'on fera une campagne électorale sur une semblable plate-forme.

Sans doute il me reste l'espoir, la conviction, puis-je dire, connaissant les hommes, que cet impôt ne sera pas voté, parce que les députés de la majorité qui nous gouverne ont à peu près tous plus de 20.000 francs de revenu net. Mais ne vous y trompez pas, avec eux, malgré eux ou contre eux, une campagne électorale qui serait faite sur le terrain de la commission serait éminemment dangereuse, parce que, dans chacune de vos circonscriptions, vous aurez les neuf dixièmes d'électeurs dégrevés. Comment un tel projet ne serait-il pas populaire quand il doit nécessairement réunir neuf suffrages contre un!

Ce projet, il faut cependant le combattre parce qu'il est mauvais; il faut le combattre au nom de la justice parce qu'il est contraire comme système fiscal au droit moderne et même au droit naturel qui exigent l'un et l'autre que chaque citoyen participant à l'établissement de l'impôt en supporte la charge dans la proportion de ses moyens, il faut le combattre au nom de l'intérêt même de l'Etat, parce qu'il frapperait avant tout et presque exclusivement l'épargne nationale, base sociale de toute prospérité et qu'un peuple qui n'épargne pas est économiquement condamné à péricliter et à périr.

L'Etat irait ainsi nécessairement au devant de grandes déceptions en s'écartant de ce principe dominant de la matière fiscale que la masse des petites cotes forme en somme l'ensemble et la grosse majorité de l'impôt. L'Etat ressemblerait à ce commerçant imprévoyant qui, au lieu de servir indistinctement tout le monde et de n'ouvrir que de rares et insignifiants crédits, servirait seulement trois ou quatre gros clients et aurait avec eux des découverts considérables; il suffira que l'un d'eux vienne à sauter pour que la balance du commerçant se solde par zéro en fin d'année : il suffira de même que quelques-uns des forts contribuables, seuls soumis à un impôt excessif, fassent émigrer leur fortune à l'étranger pour que l'Etat connaisse le déficit inévitable.

Il faut enfin combattre ce projet parce qu'il est contraire à la simple loyauté et substitue au système d'inquisition reproché à l'œuvre de M. Caillaux un système de traction plus intolérable peut-être. Réclamations au contrôleur, réclamations au conseil de préfecture tout se passera à huis clos, en des sortes de tête-à-tête d'où le contribuable sortira satisfait s'il est agréable au Gouvernement et où il ne rencontrera, dans le cas contraire, aucune des garanties que nous laisse encore la publicité des débats judiciaires. Sous ce régime de silence on ne saurait jamais désormais ce que le voisin paie d'impôts, ou même s'il en paie, et on ne pourrait pas trouver dans sa cote des termes de comparaison à appliquer comme aujourd'hui à la sienne propre : on saurait seulement qu'on est soi-même surimposé, sans pouvoir faire valoir l'injustice qui exonère d'impôt un contribuable plus riche.

De telles raisons sont d'autant plus fortes qu'elles se fondent sur le respect de la vérité et ne flattent en rien les passions populaires; n'est-ce pas la garantie qu'elles frapperont l'esprit et la conscience d'électeurs français?

M. DE MONTESQUIEU demande si le Gouvernement n'a pas déjà donné des instructions aux mairies pour préparer les évaluations, en vue de l'établissement de l'impôt sur le revenu. Dans la commune de Cenon, aux portes de Bordeaux, la mairie a adressé, par le garde-champêtre, à chaque propriétaire un questionnaire absolument inquisitorial.

M. LE PRÉSIDENT. — Cette démarche n'a rien d'obligatoire et de légal et c'est faire preuve d'une excessive bonne volonté que d'y répondre.

M. Villeneau croit que M. de Grandmaison s'exagère la popularité probable du projet d'impôt sur le revenu élaboré par la Commission.

Sans doute, l'impôt sur le revenu a été très populaire et considéré dans les masses profondes du pays comme un instrument de justice fiscale; mais son étoile a pâli et les multiples réunions des petits commerçants et industriels qui ne veulent à aucun prix du nouvel impôt sont démonstratives.

En ce qui concerne les ouvriers, ils commencent aussi à ouvrir les yeux à l'évidence et à comprendre que la répercussion inévitable de l'impôt projeté ne manquerait pas de les atteindre, comme cela a eu lieu pour toutes les lois réclamées et votées dans ces dernières années qui ont amené un surenchérissement de la vie.

M. Guiet s'attache à démontrer la nécessité d'une campagne de réunions publiques pour faire comprendre aux populations ouvrières des villes et des campagnes, qu'en réalité et en dernière analyse ce sont elles qui subiraient, indirectement et par un inévitable contre-coup, la plus lourde charge de l'impôt.

M. LE PRÉSIDENT résume ainsi l'échange de vues qui vient d'avoir lieu :

Nécessité de la revision du cadastre, ou, tout au moins, d'une nouvelle évaluation du revenu de la propriété non bâtie.

Protestation nettement accusée contre l'impôt progressif sur le revenu.

Dès lors, bien convaincus, ajoute l'orateur, que le projet Caillaux ne vaut rien, bien convaincus cependant qu'il y a à corriger des défauts dans le système actuel de nos impôts, — nous nous bornerons à cette correction du régime fiscal en vigueur, mais par tous les moyens possibles, nous combattrons le système d'impôt sur le revenu, non seulement dangereux pour l'Etat, mais profondément tyrannique pour le contribuable.

C'est sur un vœu de cette nature que nous pourrons clore cette séance si personne n'a d'observations à ajouter.

LE RAPPORTEUR demande que le Comité d'études sociales de l'A. L. P. se mette à l'œuvre pour préparer un projet de réformes fiscales que l'on pourrait, après étude approfondie, présenter au pays dans le prochain Congrès général.

M. Piou demande que l'A. L. P. inscrive dans son programme l'exonération immédiate des petites cotes foncières et l'exonération successive et progressive des cotes moyennes et ensuite des grosses. Cette exonération serait aisément réalisable au moyen des plus-values d'impôts qui, depuis dix ans, ont atteint quatre cents millions, lesquels sont passés on ne sait où. Il convient à un grand parti politique de prendre une attitude nette devant le pays et l'A. L. P., à l'impôt *progressif*, doit opposer le *dégrèvement progressif*.

M. LE PRÉSIDENT. — Avant de lever la séance, et comme conclusion à l'intéressant débat qui vient d'avoir lieu, voici, Messieurs, le texte du vœu que j'ai l'honneur de soumettre au vote du Congrès :

Le Congrès,

Résolu à améliorer le système fiscal en diminuant les charges qui pèsent sur la terre, notamment par la revision du cadastre et par le dégrèvement progressif des petites cotes foncières, au moyen des plus-values;

Mais opposé à tout système d'impôt qui, par sa progression et sa globalité, est un danger d'inquisition et de vexations tyranniques;

Décide d'éclairer, par tous les moyens, les contribuables français sur les dangers que présentent, à titres divers, le projet ministériel et celui de la Commission.

Le vœu mis aux voix est adopté à l'unanimité.

DEUXIÈME SÉANCE

Samedi après-midi.

DÉCENTRALISATION

Présidence de M. OLLIVIER

La séance est ouverte à 2 h. 1/2.

M. LE PRÉSIDENT,

MESDAMES, MESSIEURS,

Ce n'est qu'en l'absence de M. de Castelnau que j'ai le très grand honneur de présider cette séance. Je regrette d'autant plus l'absence de notre éminent ami, qui eût présidé et dirigé la discussion avec le talent, la science et l'autorité qui lui ont valu, à la Chambre, non seulement les sympathies et l'admiration de nos amis, mais, en même temps, l'estime et le respect de tous nos adversaires politiques (*vifs applaudissements*), que c'est déjà sous sa présidence que, l'an dernier, au Congrès de Lyon, MM. Saint-Yves et Lantivy demandaient la mise au premier rang des réformes constitutionnelles réclamées par l'A. L. P. de la décentralisation administrative, économique et intellectuelle.

La question ne figurait pas au programme, mais elle était tellement intéressante et d'une actualité tellement saisissante, qu'il voulut laisser toute liberté à la discussion. Vous savez comment elle se termina : un vœu fut adopté affirmant que, s'il fallait défendre, garantir toutes nos libertés communales contre les entreprises d'un pouvoir central exagéré, s'il était entendu que de larges autonomies régionales devaient pouvoir se former, il fallait qu'elles restassent unies par un lien puissant de solidarité nationale.

Ces idées très sages, que je tiens à vous rappeler au début de cette séance, ne rencontreront pas de contradicteurs.

M. Saint-Yves vous disait hier que le Midi tout entier était régionaliste; mais il prenait soin d'ajouter que le régionalisme était le moyen le plus assuré de reconstituer l'idée nationale. Il le différenciait ainsi du fédéralisme.

Nous ne devons pas oublier que si nous avons pu nous défendre jusqu'ici contre nos voisins, et le plus souvent les vaincre, c'est que nous avons toujours eu pour seconder notre patriotisme la force de notre pouvoir central.

Lorsque nous parlons d'autonomie régionale, de décentralisation, il est donc bien entendu que ce que nous voulons : c'est uniquement défendre nos libertés communales, provoquer et développer les activités locales et régionales. C'est seulement supprimer une centralisation inutile ou vexatoire qui ne fait que paralyser les initiatives à force de vouloir tout contrôler et tout autoriser.

En m'exprimant ainsi, je ne fais que me conformer à nos traditions. M. Piou nous l'a souvent dit. Nous ne pouvons être sauvés que par la liberté. C'est à des assemblées libérales que nous devons toutes nos franchises municipales et départementales. Défendons et développons les lois de 1871 et de 1884 qu'elles nous ont données, contre les tentatives de nos adversaires.

Ils n'osent pas encore réclamer la nomination des maires; mais ils se proposent de faire des secrétaires de mairie de véritables fonctionnaires afin de s'emparer de toutes les administrations locales.

C'est contre ces funestes tendances marquées au coin de l'hypocrisie jacobine que nous devons nous efforcer de lutter par le régionalisme, c'est-à-dire par la défense et l'extension de la vie provinciale, pour le plus grand bien et la plus grande expansion de la vie nationale elle-même. (*Applaudissements.*)

La parole est à M. Souriac pour la lecture de son rapport.

RAPPORT DE M. SOURIAC

Messieurs,

Bien que l'ordre du jour de votre Congrès de l'an passé ne comportât point l'étude de la décentralisation, d'intéressantes interventions, celles de MM. Saint-Yves et de Lantivy notamment, se produisirent à la séance consacrée aux Réformes constitutionnelles, pour indiquer aux congressistes l'importance considérable de cette réforme profonde de nos institutions et de nos mœurs.

L'accueil favorable fait à leurs paroles amena le dépôt du vœu suivant, par le président de la séance, M. de Castelnau :

« Le Congrès émet le vœu : Que les régimes provinciaux et municipaux soient établis sur la base d'une large décentralisation : 1° sauvegardant les libertés et les franchises locales; 2° constituant de vraies autonomies régionales reliées entre elles par les liens d'une unité et d'une solidarité nationale irréductibles, mais travaillant à l'intérêt général par la gestion libre, compétente et harmonique des intérêts locaux; 3° desserrant le plus possible les chaînes de la tutelle administrative, qui ne doit exercer son autorité que dans des cas très graves et sous la réserve d'un recours toujours possible pour abus auprès d'une juridiction suprême. »

L'importance de ce vœu n'échappa point à votre Comité général, aussi lui parut-il intéressant d'approfondir, dans le Congrès de cette année, les généralités ainsi posées, en entrant un peu plus dans les détails, en examinant, non point dans son entier, il y faudrait plusieurs jours, mais au moins dans ses grandes lignes, le problème de la décentralisation administrative.

Vos Comités l'ont d'ailleurs compris et approuvé. Si l'on peut souhaiter voir, dans les Congrès suivants, un plus grand nombre d'entre eux répondre aux questionnaires envoyés en province, on doit reconnaître qu'un certain nombre ont fait du problème posé une étude consciencieuse, et fourni des réponses sérieuses, que nous pourrons suivre presque pas à pas dans notre rapport. Puisse leur exemple servir d'encouragement et d'enseignement aux autres, c'est notre vœu bien sincère, Messieurs; que serait une Association comme la vôtre, en effet, si l'étude de notre état social et politique et des réformes à y apporter, n'était pas sa première préoccupation? Un succès électoral, même brillant, est éphémère et peu utile si l'élu et ses soutiens ne sont point capables de faire mieux, d'agir plus efficacement et en meilleure harmonie avec la vérité, que leurs adversaires.

I

Une première constatation importante est celle de votre accord à peu près unanime sur la question fondamentale qui vous était posée tout d'abord : « Etes-vous partisans d'une réforme de notre organisation administrative actuelle, tendant à assurer une plus large initiative aux autorités régionales

et municipales, tout en respectant d'une façon absolue, le principe de l'unité
nationale ! » Sauf deux ou trois dissidences, vous répondez un *oui*, très net et
très énergique, confirmant ainsi la délibération de votre Congrès de Lyon,
adhérant aux judicieuses observations qui y furent alors présentées. Paris,
dont on aurait pu craindre quelque jalousie de ses prérogatives actuelles, est
là-dessus en parfait accord avec la province, et d'autre part aucune manifestation séparatiste ne s'est produite. Bien au contraire, la plupart de vos
groupes tiennent à affirmer explicitement, avec Bordeaux, que « le principe
de l'unité nationale doit être maintenu, la réforme proposée ne devant, en
aucun cas, porter atteinte à cette unité; » et aussi, avec Paris-XVIIᵉ que « cette
réforme doit être progressive et ne pas procéder par une évolution trop rapide
et imprudente ». Ces sentiments cadrent trop avec votre fidélité patriotique
pour nous étonner, Messieurs. Il était bon cependant de les mettre en lumière
pour répondre par avance à ceux qui cherchent, par d'odieuses manœuvres,
à jeter la suspicion sur notre loyalisme, afin de faire oublier, si possible, leurs
propres attentats contre la sécurité et l'unité de la nation.

Quelques-uns ont cependant paru un peu sceptiques à l'égard de la décentralisation. L'un d'eux, notamment, nous dit : « C'est le rôle des minorités de
rêver de décentralisation administrative, pour résister plus facilement en
détail... Pour l'opérer, il faudrait redevenir majorité, à moins que, à ce mo-
ment-là, on ne trouve bonne à conserver l'organisation centralisée pour en
profiter. »

Comme nous avons tout intérêt à être d'abord un parti de loyauté, je me
permettrai, Messieurs, de répondre en deux mots à cette argumentation, dé-
sastreuse selon moi et par son scepticisme et par la suspicion qu'elle permettrait de jeter sur nos meilleures intentions.

La décentralisation n'est pas un instrument politique et la meilleure preuve
en est que nous voyons combattre en sa faveur sous un même drapeau des
hommes appartenant à des partis très opposés, depuis des royalistes, en
passant par des membres distingués de l'*A. L. P.* et des nationalistes, jusqu'à des radicaux avancés parmi lesquels, pourquoi ne pas le nommer,
M. Clemenceau en personne, au moins du temps où il était journaliste. Vous
me direz qu'il n'y paraît guère aujourd'hui. C'est possible, mais la décentralisation n'est pas le seul point sur lequel « il n'y paraît » même plus du tout.

Plus fidèles à nos convictions que M. Clemenceau, nous poursuivrons toujours la réalisation de nos vœux de réforme, car il y va de l'intérêt national
et de l'intérêt de la liberté politique.

De l'intérêt national, parce que, comme le disent les auteurs du projet de
Constitution libérale, dont vous ferez l'étude cette année, un pays doit, pour
les rendre durables et prospères, harmoniser ses institutions avec les lois
supérieures, morales et physiques. Or, l'homme subit au point de vue physique l'influence indéniable de son milieu climatérique, géographique, topo-
graphique. Il atteindra donc un haut degré de puissance et de liberté s'il
peut harmoniser pleinement son genre de vie avec ces conditions générales.
De là, la nécessité de laisser une large initiative aux hommes soumis aux
mêmes influences physiques pour édicter les mesures les plus convenables
aux besoins qui naissent en eux sous cette influence. De la prospérité qui
en résultera pour les diverses grandes régions du pays, sortira tout naturellement la prospérité générale.

Si, au contraire, vous placez tous ces individus sous une législation minu-
tieusement uniforme, intervenant dans les moindres actions de leur vie et
émanant d'hommes placés à un centre unique, éloignés de la vie régionale,
cette législation se heurtera tôt ou tard à certaines tendances légitimes,
nuira à certains intérêts respectables, empêchera le développement de certaines facultés naturelles. De ces heurts, de ces chocs, résultera un malaise
général, dont l'aggravation entraînera la décadence et peut-être un jour la

dissociation du pays : « Administration chère et mal commode; détachement des affaires publiques; régression de l'initiative privée et progrès du fonctionnarisme; mort des industries locales; art et littérature malsains et factices; éducation stupidement uniforme; méconnaissance des intérêts économiques; destruction de tout pittoresque et de toute différenciation... » Tels sont, Messieurs, les termes énergiques dans lesquels un fervent régionaliste, M. Charles Brun, a, à juste titre, condensé les griefs des adversaires de la centralisation.

Je me permettrai d'y ajouter celui-ci : menace perpétuelle pour la liberté politique, notamment pour les libertés de conscience, d'association, d'enseignement. Comment, en effet, un Etat tout puissant, administrativement et législativement, ne serait-il pas tenté de dépasser les limites de ses pouvoirs et de ses droits? Croit-on que, s'il ne peut souffrir une commune ou une province suffisamment forte, il respectera davantage une Eglise forte, une association forte, un enseignement libre fort? Ce serait méconnaître la vertu profonde de résistance que possèdent ces organismes sociaux contre les envahissements de la puissance publique, que de l'imaginer!

II

Mais, Messieurs, ce ne sont point de pures affirmations de principes que vous êtes venus apporter ici. Fidèles à votre coutume, vous voulez encore préparer pour l'avenir un programme précis. Aussi, après avoir affirmé : « Il faut décentraliser », convient-il de se demander : « Comment décentraliser? » Cette seconde question nous amènera à examiner successivement : la décentralisation régionale, la décentralisation communale, la décentralisation que j'appellerai intellectuelle.

A la première se rapportent six des questions proposées à vos études.

Et tout d'abord, l'organisation même de nos grandes circonscriptions administratives, les départements, ne doit-elle pas faire place à une nouvelle division plus vaste et correspondant mieux à la réalité? La grande majorité d'entre vous est de cet avis. Un comité a ainsi résumé les inconvénients du régime actuel : « Il est incontestable, écrit-il, que la meilleure base d'une nouvelle organisation administrative serait le groupement des départements en régions, en tenant compte des mœurs, des tendances naturelles, des cultures ou des industries et du développement actuel des voies de communication. L'organisation par départements est loin de répondre à cet idéal. Nous constatons souvent, en effet, même dans un seul département, deux ou parfois plusieurs zones absolument différentes, tant au point de vue des productions naturelles et industrielles et par conséquent des intérêts, que sous le rapport des mœurs et du caractère des habitants. Ces zones auraient tout avantage à être respectivement à des départements voisins présentant des caractères généraux et ayant mêmes intérêts. Souvent l'ancienne division en provinces répondrait mieux, à notre avis, à cette unité de tendances naturelles et de besoins que la division actuelle. Ceci n'est pas une règle absolue et nous ne voulons pas dire par là qu'il n'y ait qu'à retourner à ces anciennes divisions. Les communications actuelles ont apporté sur certains points de profondes modifications et imposeraient une division et une délimitation tout autres. »

Pour répondre à ceux qui craignent de voir la division régionale « compliquer l'organisation actuelle » et pour satisfaire ceux qui demandent avant tout la diminution des fonctionnaires, et, partant de leurs traitements, certains exposent, avec raison, que constituer une région ne sera pas superposer à l'organisation actuelle un rouage de plus.

Etant donné les incohérences du régime actuel qui fait souvent dépendre l'habitant d'une ville ou d'un village de plusieurs centres différents, suivant la catégorie d'affaires qu'il a à traiter, l'obligeant ainsi à des déplacements fréquents et onéreux, qui même le contraint à aller dans un centre donné, pour les affaires judiciaires, par exemple, alors qu'il est beaucoup plus rapproché d'un autre centre, il s'agit, pour réaliser la décentralisation, de rétablir une organisation plus logique. Dans cette nouvelle répartition, on tiendra compte surtout de la facilité des moyens de communication, ainsi que des tendances naturelles qui rapprochent les populations de deux contrées les unes des autres. Puis, on concentrera les organes administratifs supérieurs : cours d'appel, corps d'armée, universités, grandes directions en un même point central, dont toute la région dépendra. Le développement des moyens de communication rapides permettra à ces organes de fournir la somme de travail plus considérable qui pourra ainsi leur être demandée. Mais vous apercevez immédiatement la simplification des rouages qui s'en suivra : au lieu d'avoir au chef-lieu de chacun des départements actuels cette quantité de chefs de services qui s'y trouvent, avec tout le personnel secondaire dont ils sont inévitablement accompagnés, on n'en aura plus qu'un pour chacun de ces groupements plus généraux. Et pour prendre un exemple pratique, en supposant adopté le chiffre de 21 régions fixé par le Projet de Constitution libérale, 21 de ces fonctionnaires au lieu de 86. Sans compter la disparition forcée des fonctionnaires parasites, tels les sous-préfets, disparition demandée par la plupart d'entre vous, et aussi d'un certain nombre d'autres fonctions, dont peu à peu l'expérience prouverait l'inutilité.

Il ne s'agit pas d'ailleurs d'un retour pur et simple aux anciennes provinces. Les nouvelles divisions auraient à tenir compte de la création de centres nouveaux, de la nécessité d'harmoniser davantage entre elles les circonscriptions de certaines régions. Sous l'ancien régime, certaines provinces étaient extrêmement étendues, d'autres fort petites : leur répartition était plus historique que géographique, elle n'avait dans tous les cas aucun caractère administratif. Ayant à bâtir un système nouveau, on pourrait aisément établir de plus justes proportions. Vous pourrez d'ailleurs, à cet égard, étudier à loisir les données que vous fournit le projet de Constitution libérale et qui, inspirées par de longues études, vous présenteront toutes garanties.

Surtout, il ne s'agira point, dans le nouveau système, de donner à ces régions des pouvoirs qui empiéteraient sur les droits politiques du Parlement, ce qui serait, assurément, une amorce de ce séparatisme, dont vous ne voulez à aucun prix. Leurs pouvoirs seraient, comme nous le verrons dans un instant, d'ordre administratif et économique; jamais ils ne devraient présenter, dans leur exercice, un danger pour la grande œuvre de l'unité nationale si chèrement achetée par nos pères et que nul ne pourrait sans crime compromettre.

Pour appeler d'ores et déjà votre attention sur cette importante question de la répartition des nouvelles divisions administratives, et connaître votre sentiment à cet égard, le questionnaire vous demandait d' « indiquer comment cette réforme devrait s'opérer dans la région que vous habitez ».

Quelques réponses intéressantes nous sont parvenues.

Dans le Puy-de-Dôme, on préconise l'union de ce département avec la Loire, l'Ardèche, la Lozère et peut-être le Cantal.

Dans le Sud-Ouest, le groupement des vignobles de la Gironde avec les deux Charentes, le sud de la Dordogne, le Lot-et-Garonne, le Gers et une partie des Basses-Pyrénées, ce qui est peut-être bien étendu. La partie landaise de la Gironde, les Landes, la partie montagneuse des Basses-Pyrénées et les Hautes-Pyrénées formeraient une seconde région.

Dans l'Est, un retour à l'ancienne province de Bourgogne est proposé. La

Bretagne semble, elle aussi, tendre vers cette reconstitution pure et simple, de même que la Savoie.

Dans le Centre, l'union des Deux-Sèvres et de la Vienne reformerait aussi le Poitou.

Je cite ces exemples à titre documentaire et pour vous indiquer des tendances générales. Le travail ultérieur qui vous sera demandé, sur la base du projet de Constitution libérale, permettra de comparer plus utilement entre elles les diverses solutions, parfois assez opposées, proposées par des groupes appartenant pourtant à la même région, mais dont le caractère général est, il faut l'avouer, franchement hostile au système actuel que l'on cherche à briser le plus possible.

III

Mais, Messieurs, la suppression d'un certain nombre de fonctionnaires, la constitution de grands centres plus puissants que les chefs-lieux actuels, ne seraient pas suffisants si l'on ne dotait pas les nouvelles régions d'un organe représentatif de leurs besoins et de leur volonté. Cet organe pourrait être investi de pouvoirs assez étendus permettant de soustraire à l'influence parlementaire beaucoup de ces questions locales dont la solution est aujourd'hui entièrement subordonnée aux considérations purement politiques. Les chemins de fer départementaux, les routes et chemins vicinaux ne servent-ils pas trop souvent, à l'heure actuelle, de moyens de chantage odieux à l'égard des communes et des électeurs? Et lorsque l'indépendance de ceux-ci résiste à la pression, le détournement des tracés qui les punit de leur courage, ne rend-il pas improductives des lignes éloignées des centres importants ou ne crée-t-il pas pour les départements de lourdes charges par la construction d'ouvrages d'art qui eussent pu être évités? C'est l'histoire vécue chaque jour, cela!

L'Assemblée régionale, dont tous les Comités approuvent la création, répondra à ce besoin d'un organe indépendant. Mais, pour cela, il conviendrait que son mode de recrutement la mît à l'abri des influences extérieures et garantît en même temps sa compétence parfaite et certaine.

Le projet de Constitution libérale contient, à cet égard, une disposition excellente, que je tiens à vous signaler, car je ne l'ai trouvée dans aucune réponse et cependant elle est, j'en suis convaincu, désirée par beaucoup d'entre vous. C'est l'interdiction du cumul des mandats de député ou de sénateur avec celui de conseiller régional. Le parti radical avait autrefois inscrit dans son programme cette interdiction du cumul : elle a sombré dans le lamentable naufrage de toutes les revendications de ce parti caméléon. Pour des gens qui ne songent qu'à leur intérêt personnel et à leur réélection, il est, en effet, trop commode de se servir d'un instrument aussi précieux que le conseil général pour soigner sa clientèle et aussi la tenir sous sa main, mais les affaires en souffrent trop pour que l'expérience ne soit pas décisive. Que quelques-uns en fassent bon usage, c'est possible et même sûr, mais cela ne peut compenser l'abus que commettent les autres.

Puis, on ne pourrait sérieusement songer à donner des pouvoirs assez étendus à ces Assemblées si l'on laissait subsister ce cumul, car les sessions plus fréquentes et plus longues, l'étude plus approfondie des affaires sont incompatibles avec l'exercice d'un autre mandat par les conseillers.

N'est-il pas à craindre, dès lors, que beaucoup de gens s'éloignent de ces Assemblées, me demandera-t-on peut-être? Cela ne paraît pas probable, Messieurs, si l'on sait précisément prendre les mesures propres à y attirer les valeurs et les compétences.

L'extension des pouvoirs des Assemblées dont je viens de vous parler sera, par elle-même, l'un des premiers moyens efficaces. Quand des hommes de haute compétence comprendront qu'ils ont autre chose à y faire que de s'incliner devant les volontés d'un préfet ou de suivre les injonctions d'un parlementaire influent; qu'ils y traiteront des questions de grand intérêt pratique avec la certitude que leur vote sera efficace et définitif, ils n'hésiteront pas à briguer un mandat plus utile, peut-être, en bien des cas, que celui de député ou de sénateur et qui ne comportera pas en même temps pour eux un éloignement du centre de leurs affaires ou l'abandon d'une situation acquise, pour aller habiter Paris.

C'est sans doute dans le but d'assurer également l'entrée de ces hommes dans le petit parlement régional que beaucoup de vos Comités ont proposé l'élection de l'Assemblée par les organisations professionnelles régionales. Il y a là un indice précieux de la pénétration et du chemin parcouru dans les esprits par ces intéressantes idées de l'organisation professionnelle proposée par plusieurs membres éminents de votre groupe parlementaire, et de la représentation des intérêts, adoptée l'an dernier par votre Congrès de Lyon, comme base du mode d'élection du Sénat.

IV

L'expérience politique a appris à votre Comité directeur que les réformes les plus urgentes et les meilleures étaient rarement les plus sûres d'aboutir rapidement. Bien que l'initiative parlementaire se soit parfois exercée en faveur d'une refonte de nos divisions et de notre système administratifs, il ne semble pas que de longtemps ces propositions de loi doivent être sanctionnées par un vote favorable; seule une administration vraiment libérale et désintéressée pourra mener à bien cette grande réforme, en même temps qu'en faire disparaître tous les dangers possibles pour l'unité nationale.

Mais, en attendant, ne pourrait-on en faire aboutir une, plus modeste, qui l'amorcerait tout au moins, en faisant participer, d'ores et déjà, aux bienfaits de la vie commune, certains départements rapprochés par des intérêts similaires et en accoutumant leurs assemblées délibérantes à un travail plus vaste que celui exigé d'elles par la législation actuelle? C'est ce à quoi on a pensé en vous demandant si, selon vous, les Conseils généraux de départements limitrophes ne pourraient tenir des assemblées plénières pour trancher en commun les questions intéressant ces départements et entretenir également à frais communs les services publics d'intérêt général dont l'organisation leur est confiée. Pour la création des chemins de fer d'intérêt local, les questions intéressant les routes, la fondation et l'entretien des asiles d'aliénés, écoles normales, enseignement de l'agriculture, et même certains services d'assistance, la chose serait possible et sa réalisation entraînerait des économies notables sur les frais généraux.

Des centimes additionnels extraordinaires seraient mis par la loi de finances à la disposition des conseils pour couvrir les dépenses qu'entraîneraient leurs décisions.

Cette idée a rencontré, elle aussi, le meilleur accueil parmi vos Comités, et la grande majorité d'entre eux l'a approuvée. Quelques-uns ont paru hésiter en présence de la question relative aux centimes extraordinaires, croyant qu'il s'agissait de fournir un traitement aux conseillers. Le spectre des « quinze mille francs » s'est aussitôt dressé devant eux et leur a fait rejeter cette disposition sans laquelle cependant la précédente serait impossible à appliquer. L'explication que nous venons de donner à ce sujet les éclairera et les amènera à se rallier, nous en sommes persuadé, à l'opinion générale.

V

De la région, la décentralisation doit s'étendre à la commune. Si le régime actuel fait sentir dans le département son illogisme et son mépris des lois les plus naturelles, il fait sentir davantage assurément son caractère oppressif dans le groupement communal, sous la forme de cette tutelle administrative dont le joug, allégé un peu en 1884, tend à redevenir de plus en plus pesant à mesure que la politique jacobine éprouve le besoin d'imposer au pays ses odieuses machinations. Le pouvoir formidable des préfets annihile à tout moment celui des maires et des conseillers municipaux. Il le fait tantôt directement, dans tous les cas extrêmement nombreux où le préfet peut substituer son action à celle du maire ou annuler ses actes et les délibérations du conseil municipal; il le fait d'autres fois indirectement par les menaces dont sont l'objet les municipalités indépendantes quand elles prennent une décision en usant de leurs pleins pouvoirs légaux : « Si vous osez la prendre contre nous, leur dit-on, nous saurons vous rattraper sur un autre terrain, par le refus d'approuver vos budgets ou en empêchant d'aboutir toutes les affaires pour lesquelles vous avez besoin de notre concours. » Certains préfets en sont venus ainsi à exercer, au moment des élections, une pression scandaleuse, en contraignant les maires et conseillers à appuyer auprès de leurs administrés (et Dieu sait tout ce que ce mot signifie!) un candidat qui souvent même représente des opinions opposées aux leurs. La longue durée de ce régime a si bien façonné les esprits à la résignation, leur a tellement inculqué l'idée de l'inutilité de toute résistance qu'il est bien difficile de faire admettre aux habitants de nos campagnes et de beaucoup de villes que l'administration ne peut pas tout contre eux pour briser leurs moindres résistances. J'en appelle sur ce point à l'expérience de tous ceux qui, parmi vous, vivent en contact avec ces braves gens, et il est bien à craindre qu'aucun remède sérieux ne puisse être apporté à leur état d'âme tant que la cause en subsistera.

La décentralisation communale est donc nécessaire. La décentralisation régionale la rend possible et en est même une condition essentielle, mais elle ne doit pas la faire perdre de vue comme malheureusement certains régionalistes semblent le supposer.

Ici encore, le problème est complexe et se présente sous bien des aspects divers que nous ne pouvons envisager tous.

Votre attention était appelée sur deux points essentiels : la gestion des deniers communaux et l'organisation des services publics municipaux.

A l'heure présente, les communes ne sont point maîtresses de leur budget, sauf pour les dépenses facultatives et les dépenses imprévues et dans la seule limite des ressources ordinaires, ce qui est très peu. De plus, les lois comme celle de la Séparation leur interdisent d'employer les fonds communaux à subventionner les cultes ou même les œuvres ayant un caractère confessionnel, et ici encore le fait d'avoir posé le principe comporte pour l'avenir les plus graves conséquences. Le domaine privé communal n'est pas resté à l'abri des interventions de l'autorité et l'obligation imposée aux municipalités de faire approuver par les préfets les baux relatifs aux presbytères est encore un empiétement sur la liberté de celles-ci. Preuve une fois de plus, Messieurs, de ce que je vous disais il y a un instant, qu'un gouvernement jacobin serait toujours fatalement porté, par sa nature même, à développer la centralisation.

Il faut donc, Messieurs, assurer aux municipalités, sur ce point, une plus grande liberté et briser autant que possible les liens de l'odieuse tutelle administrative. Un premier moyen sera de transférer cette tutelle à l'Assem-

blée régionale elle-même, ainsi que vous le propose le projet de Constitution, à l'instar de la Belgique. Les membres de cette assemblée seront, par
nature et un peu par force, plus modérés et plus conscients de leurs actes
qu'un préfet toujours couvert, quoi qu'il fasse, par le pouvoir central et
dont les sentiments ne sauraient jamais être identiques à ceux de ses administrés; mais il faut encore aller plus loin. Pourquoi ne pas accorder réelle-
ment à la commune l'entière et libre disposition de ses ressources budgétaires, sous la seule réserve de quelques précautions indispensables et dont
je vous indiquerai tout à l'heure les grandes lignes?

De même, pour l'organisation des services publics. La loi, vous le savez,
remet cette organisation aux communes en beaucoup de cas, en rendant
obligatoires les dépenses nécessitées par elle. L'intérêt général présenté
par ces services nous permet de comprendre et d'admettre parfaitement cette
façon de procéder, qui rentre sans aucun doute dans les légitimes attribu-
tions de l'État. Mais, pourquoi, suivant une formule déjà employée avec
succès dans d'autres domaines, ne pas laisser à la commune *la liberté
dans l'obligation* et du moment où on la met en demeure d'affecter à un
certain emploi une notable partie de ses ressources, ne pas lui reconnaître
au moins le droit d'organiser, de la manière qui lui paraîtra la meilleure,
ces services obligatoires? C'est, nous semble-t-il, le seul moyen de sauvegarder l'intérêt des contribuables que l'on ne devrait jamais négliger, et,
dans bien des cas, leur liberté de conscience, infiniment supérieure à leur
pur intérêt pécuniaire.

Ces principes, vous les trouverez reconnus et consacrés dans le projet de
Constitution libérale à l'égard d'un certain nombre de services publics communaux. Le questionnaire appelait spécialement votre attention sur deux
points : l'organisation de l'enseignement primaire et les subventions aux
cultes, et votre adhésion unanime était acquise par avance sur ces deux
questions. Les violations de droit commises depuis tant d'années aussi bien
que les inquiétudes légitimes soulevées ces derniers temps par l'orientation
de l'enseignement primaire et la suppression totale des subventions aux
cultes ont dicté assurément votre réponse empreinte d'un large libéralisme
dont il convient de relever la manifestation comme un indice favorable de
la formation progressive d'un véritable esprit public dans notre pays où le
besoin s'en fait tellement sentir.

Une objection s'est cependant présentée à l'esprit de quelques-uns d'entre
nos correspondants. Instruits probablement par une expérience désagréable,
ils se sont demandé ce qui adviendrait des communes livrées à un conseil
municipal brouillon, dépensier ou sectaire, lorsque celui-ci jouirait de
pouvoirs plus étendus qu'aujourd'hui, et ce que des maires doués des mêmes
défauts pourraient entreprendre contre les croyances ou la liberté de leurs
adversaires politiques quand ils se sentiraient la bride sur le cou.

C'est ici, Messieurs, que l'étude du projet de Constitution libérale vous
sera des plus utiles afin de concevoir un mécanisme suffisamment souple en
même temps que résistant pour réfréner les abus d'autorité dont les tyran-
neaux locaux pourraient se rendre coupables. Qu'il me suffise, pour l'instant,
de vous rappeler que, l'an dernier, votre Congrès de Lyon proclamait la
nécessité de garantir, par des dispositions constitutionnelles précises, les
droits et les libertés des citoyens contre les abus des pouvoirs publics et
d'instituer une haute juridiction chargée de veiller au respect de cette
garantie de droits. Cette institution doit intervenir autant lorsqu'il s'agit
d'un maire ou d'un conseil municipal que lorsqu'il s'agit du Président de la
République, d'un ministre ou d'une Chambre. Son intervention, toujours
possible, contrebalancera même les erreurs, toujours possibles aussi, de
l'Assemblée régionale chargée de la tutelle administrative.

Un second correctif, indiqué celui-là dans le questionnaire et également bien accepté déjà par le Congrès de Lyon, est l'institution du *referendum* pour toutes les questions primordiales intéressant notamment les intérêts moraux et pécuniaires des habitants de la commune. Ce qu'est le *referendum*, nous avons eu l'occasion de l'exposer sommairement l'an dernier et n'avons par conséquent point à y revenir. Nous en avions principalement signalé l'importance et l'utilité pratique dans la commune; le Congrès avait bien voulu ratifier ces conclusions et vos réponses ont à leur tour consacré son œuvre. Le *referendum* devra donc se prononcer *pour* ou *contre* les décisions du conseil municipal en ces matières importantes, et si l'on admet que le suffrage populaire est, lui aussi, justiciable de la Cour suprême en ce sens que celle-ci annulerait les violations de la constitution dont il pourrait se rendre coupable en un moment d'emballement, nous ne croyons pas, Messieurs, que l'on puisse prendre plus de garanties pour faire respecter la justice et le droit.

Sans doute, vous me direz que de longtemps nous ne posséderons pas ce cycle d'institutions. C'est possible, mais dès le début de ce rapport, je ne vous ai point dissimulé la vérité : nous travaillons ici pour l'avenir; ce serait folie d'attendre de la majorité et plus encore de la morale politique actuelle une amélioration profonde et sérieuse. Reconnaissons toutefois que même aujourd'hui l'institution du *referendum* pourrait rendre des services et assurer des avantages dont nous ne sommes que trop privés. Il n'est d'ailleurs point vraisemblable que nous l'obtenions davantage qu'une autre réforme. Nos adversaires entendent sans doute nous laisser tout le mérite de ces revendications utiles.

VI

N'oublions pas d'ailleurs le vieil axiome : *e moribus leges*, c'est des mœurs que sortent les lois, et demandons-nous en terminant, comme le faisait le questionnaire, si la grande besogne à accomplir pour le moment n'est pas, en matière de décentralisation comme pour tout le reste, de procéder à un travail de *reconstitution des mœurs*, en relevant l'esprit régionaliste. L'unanimité de vos Comités se retrouve encore sur cette question, et les procédés pratiques indiqués un peu au hasard dans la demande sont approuvés par les réponses. Assurément, un mouvement se produit en faveur de cette éducation régionale, locale, et s'il n'a pas l'appui officiel, les concours des bonnes volontés ne lui manquent certes point.

L'enseignement de l'histoire locale dans les chaires de l'enseignement supérieur a été établi presque partout par des fondations municipales ou particulières. Il serait à désirer qu'il pénétrât davantage dans l'enseignement secondaire et primaire. Dans ce dernier notamment combien ne servirait-il pas pour faire pénétrer dans l'esprit des jeunes générations l'amour du sol natal, la conscience de leur « enracinement » profond à ce sol; par là, l'enseignement de l'histoire locale serait une initiation au sentiment patriotique; une entrave au désir de l'émigration hors du pays natal. Pourquoi des initiatives en ce sens ne seraient-elles pas prises notamment dans l'enseignement libre, ainsi que dans les conférences populaires organisées soit par vos comités eux-mêmes, Messieurs, soit par ceux des ligues voisines?

La restauration, le développement de la littérature provinciale, et surtout sa pénétration, sa diffusion dans les milieux populaires sont également à placer au premier rang. La presse pourrait beaucoup à cet égard, et cependant si les journaux départementaux s'y mettent peu à peu, les régionaux sont encore fort en retard et les Parisiens sont rares qui ne feignent point d'ignorer et même de mépriser ces chefs-d'œuvre de la littérature provinciale dont il est inutile de citer des exemples. Les noms vous viennent, n'est-ce pas, tout spontanément à l'esprit.

Relever certaines fêtes et coutumes locales paraît excellent aussi. Certains se sont émus de ce mot: fêtes, et ont semblé croire que seuls les ivrognes et les paresseux y trouveraient leur compte. Ils me permettront de croire cependant qu'eux s'amusent bien parfois dans leur vie sans passer par ces excès. Qui dit fête ne dit point par cela même libertinage ou fainéantise, et peut-être l'esprit timoré de quelques honnêtes gens qui s'éloignent avec effroi des plaisirs publics contribue-t-il dans une large mesure à laisser prendre la direction de ceux-ci par les mal intentionnés et les indignes.

La décentralisation ne doit certes pas être un prétexte à beuveries et ripailles, mais le retour à des réjouissances locales, à de vieilles fêtes sérieuses comme les *pardons* de notre Bretagne, à des jeux comme ceux des *gildes* du Nord, dont la tradition serait facile à retrouver partout, servirait à la fois les intérêts de la morale publique et ceux des groupements locaux désertés en grande partie parce que les occasions de se distraire y manquent trop et que les villes offrent à ce point de vue davantage de ressources.

On peut en dire autant des industries et métiers locaux: le dépérissement de ceux-ci constitue une terrible cause de dépopulation pour nos campagnes. L'exemple de l'œuvre admirable de la dentelle à la main, qui est en train en ce moment de restituer à la France une de ses industries nationales les plus glorieuses, et à nos paysans du Calvados et de la Haute-Loire un gagne-pain depuis longtemps devenu insuffisant, est une preuve de la possibilité de relever ces métiers.

À l'œuvre, donc, Messieurs. Envisagée de ce point de vue, la décentralisation ne constitue pas seulement, comme d'aucuns semblent se l'imaginer, une question de remaniement de quelques textes législatifs. Elle devient une partie de la grande réforme sociale dont nous devons tous être, à notre rang, les agents fidèles et dévoués, et par là elle est au premier chef une œuvre patriotique. Patriotique, et non pas séparatiste comme le prétendent les adversaires de mauvaise foi: n'était-elle pas, en effet, d'un grand poète méridional profondément régionaliste cette pensée à laquelle je vous demande de vous associer en terminant, car elle résume bien la pensée qui a dicté vos travaux préparatoires comme ceux de cette séance: « J'aime mon clocher plus que ton clocher; — j'aime ma province plus que ta province; — j'aime la France plus que tout. » (*Applaudissements.*)

M. le Président remercie M. Souriac de son intéressant rapport.

Avant d'ouvrir la discussion, il tient à rappeler, comme idée directrice, que les réformes d'ensemble trop compliquées risquent de ne jamais aboutir, et que si on veut arriver à quelque chose de pratique, il faut envisager les problèmes particuliers, sérier les questions, émettre des vœux sur des réformes spéciales, particulières, qui peuvent nous réunir tous dans une union complète, et sont de nature à ne pas introduire la division dans nos rangs.

Puis, M. le Président donne la parole à M. Saint-Yves:

M. Saint-Yves adhère entièrement aux conclusions de M. Souriac.

Il répond ensuite au reproche de séparatisme adressé aux régionalistes, en affirmant que pas plus en Bretagne que dans le pays basque ou chez les Catalans du Roussillon, personne n'a jamais songé à se séparer de la France. (*Vifs applaudissements.*)

Mais, comment doit-on entendre la décentralisation? Est-ce une simple série de mesures juridiques et administratives destinées à modifier l'état de choses actuel lentement, progressivement? Si oui, on recommencera les errements du passé. La vraie décentralisation ne consiste pas seulement à supprimer les sous-préfets, ni à modifier les lois administratives, ni même à essayer de constituer des divisions administratives nouvelles; voilà 700 ans que l'on en fait de mauvaises; celles de l'ancien régime l'étaient autant que celles de maintenant. Qu'on regarde une carte de la France, en 1789, on la voit divisée en une foule de petits carrés, ce sont les divisions en bailliages, et si l'on estime que cela correspond à des unités géographiques, c'est que l'on n'est pas difficile. On ne savait même pas en combien de provinces exactement se divisait la France : aujourd'hui, on dit qu'il y en avait trente-deux, mais en 1789, à la Constituante, on ne le savait pas. Le vrai régiona-lisme consiste à faire une France régionale, naturelle et historique; ce n'est pas une œuvre de législateurs; c'est une œuvre d'historiens et de géo-graphes.

Pour constituer ces régions, il est un premier travail auquel on doit pro-céder : réunir, après une enquête suffisamment longue, une foule de renseignements assez minutieux, de façon à faire des divisions administra-tives durables et capables de jouer un rôle et non modifiables au gré de chacun.

M. Saint-Yves prend alors des exemples dans la région même où se tient le Congrès, montrant l'illogisme des divisions départementales actuelles, constituées on ne sait pas toujours comment; sans qu'on sache pourquoi telle contrée fait partie de tel arrondissement plutôt que de tel autre; dans l'Ariège, il y a un chef-lieu de canton qui est séparé du chef-lieu de départe-ment par la neige durant six mois ! c'est absurde!

Ainsi, au point de vue géographique, il y a, en France, des pays délimités par la constitution du sol, le « Tableau de la France », publié récemment dans la grande histoire de France, par M. Vidal-Lablache, le montre admira-blement. Les montagnes, notamment, qui représentent l'ossature du terri-toire français, délimitent parfaitement certaines régions, telle l'Auvergne qui n'est pas autre chose que le massif Central, et comprend à ce titre les départements du Puy-de-Dôme, du Cantal, de la Haute-Vienne et de la Corrèze, — mais non, comme le croient certains Comités, l'Ardèche, absolument méridional et appartenant à une autre région, dont le chef-lieu naturel est Nîmes.

La valeur géographique des régions à déterminé souvent leur valeur économique. Croyez-vous que le commerce s'est fait parce que votre cerveau l'a voulu? Allons donc!

Quand on voit la prospérité de Paris, on se souvient que Jules César pré-disait déjà le futur avenir de Lutèce, parce que, géographiquement, elle était au centre du bassin de la Seine et que la géographie avait indiqué Paris pour être une capitale de région.

Bordeaux aussi était désigné pour être une capitale de région, parce qu'elle se trouve à l'extrémité du bassin d'Aquitaine. Toulouse également était désignée pour être une capitale de région, — presque une capitale d'État, comme l'a dit M. Roschah, dans une brochure très intéressante.

Après avoir envisagé les conditions géographiques, il faut se dire que les pays sont habités par des êtres en chair et en os qui s'appellent les hommes, qu'ils ont des passions, qu'ils vivent, respirent, agissent, se remuent, ont un passé, des traditions. On est donc obligé de tenir compte des modifica-tions historiques, héréditaires, qui ont agi sur le milieu et l'ont souvent transformé, et c'est là qu'intervient la raison historique.

Ainsi, il y a une unité technique très déterminée qui s'appelle la Gas-cogne, une autre qui s'appelle la région d'Aquitaine, et Bordeaux, par exemple, est désigné par l'histoire aussi bien que par la géographie pour être un chef-lieu de région. De même, dans le petit pays de Navarre, la ville de Pau s'est créé une vie autonome, logique, naturelle : depuis le XIIᵉ siècle, vous y trouvez les germes les plus grands et les plus sérieux de civilisation; il y avait là tous les éléments voulus pour constituer un groupement important.

Enfin, s'il y a une région à reconstituer, c'est celle dont le nom sonne à l'égal de celui de Bretagne, qui s'appelle la Gascogne, et qui comprendrait les départements des Landes, de la Gironde et un morceau des Hautes-Pyrénées.

Comme on le voit, il est donc nécessaire de procéder à une enquête approfondie sur toutes les traditions, les usages, les idées, les coutumes et les intérêts des régions françaises; les Comités de l'A. L. P. peuvent arriver à poser les bases de cette enquête qui permettra d'éviter les discussions, car ils connaissent très bien les unes et les autres. Ce travail préliminaire devrait être fait dans chaque Congrès en demandant aux gens de la même région : expliquez-nous comment vous envisagez la répartition de nouvelles régions. On arriverait ainsi à faire progresser l'idée. Elle grandit tous les jours et j'estime que là seulement est le salut.

Ce n'est, en effet, que lorsque l'on aura grandi l'idée nationale, que l'on aura rendu la liberté au pays; c'est lorsque les citoyens français se rappelleront leur histoire, le souvenir de leurs ancêtres, qu'ils feront ce qu'ils ne font pas à l'heure actuelle : ils ne ramperont plus devant les préfets et les sous-préfets, ils iront la tête haute.

« Apprenons à l'enfant l'histoire de son petit village, de sa province; apprenons-lui la géographie du village, et il comprendra ensuite la géographie de la patrie et de la terre; commencez par lui mettre sous les yeux tout ce qui a fait vivre ses ancêtres, et vous en aurez fait un homme qui aura la foi, le culte de la famille, de son passé, et aussi le culte de la patrie. » (*Applaudissements prolongés.*)

M. LE RAPPORTEUR remercie M. Saint-Yves d'avoir apporté à l'aide de la cause que lui-même a défendue le concours de son admirable talent auquel le Congrès vient de rendre un si juste hommage.

M. LE PRÉSIDENT félicite M. Saint-Yves de sa remarquable intervention. Le programme qu'il a tracé est de longue haleine, et l'enquête à ouvrir dans toute la France sera longue à mener, car tout le monde ne se mettra peut-être pas immédiatement d'accord.

Pour l'instant, nous avons surtout à faire quelque chose de pratique et à émettre des vœux qui puissent se réaliser. Il y a certainement une étude géographique et historique de longue haleine à faire, mais si vous voulez bien, nous ne retarderons pas davantage l'étude des questions un peu plus spéciales que nous avons à résoudre.

M. DE L'ESTOURBEILLON, député de Vannes, ne peut résister au désir de dire quelques mots sur une question qui lui tient autant au cœur que celle de la décentralisation.

« En ce qui me concerne, déclare-t-il, j'ai bu du lait, du cidre si vous voulez (*rires*), en entendant le discours de M. Saint-Yves, car il a placé la question sur son véritable terrain.

Étant donné la complexité de la question de la décentralisation et la très grande difficulté qu'elle présente pour être abordée avec succès, il ne faut pas mettre la charrue avant les bœufs. Il faut procéder avec méthode et sans que cela nous empêche d'élaborer et de voter quelques vœux de détail plus précis, comme le désire M. Ollivier, je crois que, pour faire de la bonne besogne à l'A. L. P., nous devons demander à nos amis, dans les Congrès régionaux, quelle est, d'après eux, la limite de l'organisation régionale dans le pays que nous venons visiter.

Quand nous aurons fait cette enquête, nous aurons fait un très grand pas vers la réalisation de ce projet de décentralisation.

Oui, la décentralisation doit, selon moi, reposer sur des considérations historiques et ethniques, c'est là ce qui fait la base de la décentralisation et doit être son point de départ.

Autrement, vous ferez une œuvre précaire, qui pourra durer un certain temps comme nos départements, peut-être davantage, mais qui n'aura pas une base sérieuse, et, fatalement, serait condamnée à disparaître ou à présenter des inconvénients multiples. »

M. de l'Estourbeillon examine ensuite deux points du questionnaire qui avait été adressé aux Comités de l'*A. L. P.*

Si, comme le questionnaire le propose, on laissait aux conseils municipaux le droit d'organiser l'enseignement primaire, nous n'aurions pas vu s'appliquer les lois néfastes que nous déplorons.

Quant à la seconde question : « Quels sont les meilleurs moyens de relever l'esprit régionaliste ? », il en cite quelques-uns employés en Bretagne qui doivent être utilisés dans les autres régions : l'enseignement de l'histoire locale, que bien peu d'enfants connaissent. Un bambin de douze ans à qui on demandait : « Savez-vous qui était Olivier de Clisson ? » répondit : « C'était un général anglais qui a combattu les Chouans à la bataille de la Bérésina. » (*Rires.*) On ne connaît pas l'histoire locale, et dans nos pays qui ont tous une histoire, ce serait très facile d'en donner les premiers éléments.

Dernièrement, au congrès diocésain de Vannes, trois vœux furent votés à l'unanimité avec l'approbation de l'évêque de Vannes, présent : le premier demandait que l'enseignement fût bilingue dans toutes les écoles libres, et par là le congrès affirmait sa volonté de préserver de la destruction la vieille langue bretonne. Le second portait sur l'enseignement de l'histoire locale à l'école, pour que les enfants apprissent à connaître leurs héros et leurs saints. « Quand, dans nos provinces, nous aurons une plus grande connaissance de nos gloires locales, est-ce que vous croyez que cela ne fera pas surgir du sol des génies et des talents que l'on serait heureux de voir se lever pour la plus grande gloire de la France ? »

Enfin, pour faire naître le besoin de la décentralisation dans les masses, dans les esprits qui en sentent le besoin et ne s'en rendent pas compte, il faut entretenir les souvenirs locaux, les fêtes locales, qui font tant de plaisir dans nos paroisses, dans nos communes. En Bretagne, on a obtenu dans ce sens des résultats véritablement surprenants, puisqu'en six ans, on a créé quarante-trois groupes de théâtres populaires qui vont de village en village, reproduire et jouer des pièces de théâtre dans la langue du pays aux acclamations d'auditeurs s'élevant à deux ou trois cents personnes.

Il faut aussi relever les métiers, les industries locales, qui disparaissent parce qu'on a la manie de courir après les articles bon marché des grands magasins. On se jette dessus au grand détriment des costumes locaux, qu'il faudrait faire revivre partout où on le peut. Le costume a plus d'influence qu'on ne croit. Dieu sait ce qui a été réservé souvent à ces malheureuses jeunes filles qui, n'ayant plus cette espèce de frein moral que commande un costume modeste, qui inspire l'amour du pays, avaient eu cette idée de vouloir se lancer tout de suite dans la ville où elles ne trouvent bien souvent que la misère, quand elles n'y trouvent pas la prostitution.

M. DE L'ESTOURBEILLON parle enfin du timbre breton, créé il y a quelques années par lui et qui rappelait les idées primitives de la race : la harpe celtique, les hermines des ducs et quelques autres emblèmes; on était tout fier d'apposer ce timbre à côté du timbre légal et de le faire oblitérer.

Cette simple vignette, donnant dans nos provinces l'idée de l'existence d'un régionalisme, d'une histoire locale serait praticable partout.

M. VILLENEAU admire avec quelle facilité les Bretons s'adaptent au Midi. L'exemple de notre ami Saint-Yves est tout à fait caractéristique. On dirait qu'il y a à ce congrès, comme un peu partout, la coalition des Bretons et des Méridionaux.

Il revendique pour la région du Sud-Ouest des idées un peu différentes. Si cette région est entièrement d'accord avec les autres pour demander la décentralisation administrative, elle ne va pas jusqu'au régionalisme, ni surtout jusqu'au fédéralisme, qui serait dangereux pour l'unité nationale.

Les coutumes locales, les frairies, les fêtes, la littérature, le patois et tout le reste, nous pouvons les faire revivre sous le régime actuel. La centralisation ne nous en empêche pas.

Par contre, M. VILLENEAU et ses amis voudraient savoir ce qu'est le régionalisme et comment on l'entend. Pour la reconstitution des provinces, M. Saint-Yves l'a démontré, dans les mêmes départements on ne se mettra pas facilement d'accord ; il y aura des jalousies entre Pau et Bayonne, entre La Rochelle et Saintes, entre Périgueux et Bergerac ; nous aurons décentralisé l'anarchie voilà tout.

D'autre part, on est venu nous dire : ce sont les préfets qui conduisent les maires ; dans les Charentes, c'est le contraire, et les préfets y ont toujours été dirigés et non dirigeants ; ce sont les Charentais qui commandent au préfet de la Rochelle, et non pas le préfet aux Charentais. Ceux qui commandent et sont les tyrans les plus redoutables, ce sont les vénérables de loges et les agents électoraux des députés et sénateurs.

La décentralisation du jacobinisme serait plus redoutable que la centralisation. Nos populations n'auront rien à gagner à changer l'intolérance de l'administration par l'intolérance de leurs compatriotes, au contraire !...

Bien plus, lorsqu'on parle de cette administration que toute l'Europe ne nous envie pas, on est applaudi, mais, à parler sérieusement, puisque nous sommes devant un congrès sérieux, si nous n'avions pas eu notre Constitution de l'An VIII, si nous ne l'avions pas eu après 1830, après 1848, et après les désastres de 1870 serions-nous encore la France qui fait bonne figure dans le monde malgré tout ?

C'est notre Administration, sur le dos de laquelle on met tous les crimes, qui a assuré la permanence des services publics, qui a fait que, malgré notre abominable régime de demi-parlementarisme, on a pu produire, économiser et rester la France qu'on est encore à l'heure actuelle.

Et si je parle avec cette passion, ajoute M. Villeneau, c'est parce que je trouve qu'il y a à ces doctrines régionalistes un certain danger. On a parlé du Midi : ce sont les Méridionaux qui sont le plus régionalistes, seulement ils sont en même temps les pires des Jacobins ; ils veulent la reconstitution de la région, la liberté provinciale ; ils veulent tout cela, mais ce qu'ils veulent surtout, c'est que la loi ne s'applique pas pour eux ; ils envoient des députés avec l'unique mission de voter des lois, ils leur disent : votez ces lois, mais si elles se retournent contre moi je compte sur votre influence pour qu'elles me soient épargnées. Que sont les députés du Midi : les chefs du radicalisme, qui ont fait l'œuvre la plus néfaste ; ce sont les représentants du Jacobinisme.

Il y a là un danger. Aussi tout en se déclarant d'accord avec le rapport sur les principes essentiels et pratiques, suppression des sous-préfets, extension des pouvoirs des conseils généraux et municipaux, M. Villeneau veut-il combattre les tendances d'esprit que MM. Saint-Yves et de l'Estourbeillon avec leur grande éloquence ont voulu faire prévaloir. Il ne faut pas embarquer l'opinion dans des combinaisons que l'on peut considérer à bon droit comme chimériques.

Malgré tout ce qu'on a pu dire, un grand peuple comme le nôtre a besoin d'une centralisation, au point de vue d'abord de l'unité nationale. Un dernier exemple servira de conclusion à l'orateur : l'A. L. P.

On y fait de la décentralisation, c'est entendu ; avant l'A. L. P., on pouvait former des Comités ; mais combien y en avait-il, avant que, de Paris, M. Piou eût lancé l'idée et envoyé dans toute la France ses délégués, avant que nous soyons pourvus de Comités régionaux, combien a-t-il fallu d'efforts ? Et encore aujourd'hui, si le Comité directeur disparaissait, combien subsisteraient, s'il n'y avait plus cette unité de direction? En toute franchise que l'on réponde! (*Applaudissements.*)

M. LE PRÉSIDENT. — Nous venons d'assister à une discussion des plus intéressantes; vous avez entendu deux causes contradictoires; or, j'ai constaté ceci c'est que vous avez applaudi avec un égal enthousiasme MM. Saint-Yves et de l'Estourbeillon, et aussi M. Villeneau. Je suis bien convaincu que ce ne sont pas les mêmes personnes qui ont applaudi...

VOIX DIVERSES. — C'est le talent!...

M. LE PRÉSIDENT. — Parfaitement! Mais, il n'y a pas une union absolue entre nous sur cette question; il y a des divisions profondes dans l'assemblée. Et je crois que dans un Congrès de l'A. L. P., nous devrions nous abstenir de discussions qui provoquent des divisions parmi nous.

Nous ne pouvons pas être d'accord sur les conclusions; il faut prendre des points sur lesquels on puisse adopter des conclusions précises.

Il serait donc préférable de réserver la question du régionalisme, de la mettre à l'étude, et d'étudier simplement certains points précis qui, je crois, ont recueilli à l'heure actuelle une adhésion à peu près unanime, et que nous indiquions notre désir de voir étendre les libertés municipales, certains pouvoirs de nos conseils généraux, et que nous prenions certaines résolutions qui peut-être nous conduiront à des réformes pratiques.

M. DE WALL signale une question qui devrait nous unir absolument, c'est celle de cet abominable cumul qui fait que sur une même tête nous voyons réunir les fonctions d'ambassadeur, de sénateur, de conseiller général... C'est extraordinaire qu'on n'ait pas encore pu être préfet et sous-préfet.

Nous avons certes raison de faire tout ce que nous pouvons pour attraper du galon et l'enlever à nos ennemis, mais on pourrait peut-être formuler un vœu par lequel on demanderait qu'on ne puisse pas être à la fois conseiller général et député, député et maire, et surtout sénateur et ambassadeur!

M. LE PRÉSIDENT estime que l'observation est tout à fait judicieuse; mais s'éloigne peut-être un peu de ce que l'on a à traiter.

UN DÉLÉGUÉ. — On a parlé tout à l'heure d'une Cour suprême; il me semble que dans le fonctionnement de notre Constitution, elle manque absolument.

M. LE PRÉSIDENT. — L'année dernière, nous avons voté précisément l'organisation de ce Tribunal suprême.

UN DÉLÉGUÉ. — J'ajouterai une observation: ce serait qu'on supprimât ces abominables tribunaux administratifs et qu'on fît un tribunal de droit commun pour juger les affaires de leur compétence.

M. LE PRÉSIDENT. — A ce point de vue là, et dans bien des cas, on trouve cependant plus d'indépendance dans les conseils de préfecture, et surtout en ce moment dans le Conseil d'Etat. Ce qu'il faudrait ce serait une modification profonde et la réforme judiciaire générale; il faudrait indiquer les conditions d'entrée dans la magistrature; soustraire les magistrats à certaines influences, mais ce n'est pas une question qui rentre dans notre programme; nous avons à traiter de la décentralisation: restons-y.

M. DE L'ESTOURBEILLON désire ajouter aux vœux qui seront présentés tout à l'heure, celui-ci: Que la question continue à figurer au programme de nos congrès et que la décentralisation reconnue comme un besoin de la nation, continue à figurer au programme de l'A. L. P. et de ses congrès en vue de sa réalisation, dès que les esprits en France y seront préparés.

M. SAINT-YVES demande à préciser de la façon suivante: « En demandant que dans chaque congrès on mette à l'étude l'organisation de la région où se fera le Congrès. » Il n'y a pas, en effet, de réforme possible s'il n'y a pas l'organisation régionale.

Le reste, ce sera comme pour les sous-préfets; ils ont été supprimés six fois, et il y en a encore!

M. LE PRÉSIDENT fait remarquer que l'on doit laisser au Comité directeur le soin de rédiger les programmes; il suffit d'indiquer que c'est une question qui reste à l'étude.

M. DAURE appuie la motion de M. Saint-Yves : la question régionaliste doit être étudiée dans les congrès régionaux; et non pas par un congrès national.

M. XAVIER REILLE fait remarquer qu'il entre dans l'idée de l'A. L. P. d'avoir en plus des congrès nationaux annuels, des congrès régionaux; c'est dans ces congrès qu'on demande que l'organisation locale soit discutée; pour sa part, il souscrit à ce vœu de tout cœur et même en allant plus loin.

Après tous ces congrès locaux il sera bon qu'un grand congrès central se tienne à Paris, et ainsi nous arriverons à une solution satisfaisante : les uns reconnaîtront que le régionalisme ne peut pas être outrancier, les autres reconnaîtront que c'est à ses sources que le pays doit être consulté.

M. LE PRÉSIDENT fait observer que la proposition de M. Xavier Reille est de nature à rallier tout le monde. En attendant que M. Reille se soit mis d'accord avec M. Saint-Yves pour la rédaction d'un vœu en ce sens, il va mettre aux voix les vœux proposés par le rapporteur :

Le Congrès :

Renouvelle le vœu émis l'an dernier par le Congrès de Lyon tendant à la constitution de larges autonomies régionales reliées entre elles par les liens d'une unité et d'une solidarité nationale irréductibles et proclament la nécessité de garantir les libertés locales contre toute atteinte du pouvoir central;

Emet, à cet effet, le vœu :

1° Qu'en attendant une réforme générale de notre organisation administrative, et pour y préparer le pays, les conseils généraux de départements limitrophes soient autorisés à solutionner en assemblée plénière les questions d'intérêt commun à ces départements et disposent à cet effet de centimes additionnels extraordinaires dont le chiffre sera fixé chaque année par la loi de finances;

2° Qu'une plus large initiative soit laissée aux conseils municipaux, sous la réserve du respect nécessaire des droits et libertés des citoyens. pour la gestion des deniers communaux et l'organisation des services publics;

3° Que notamment le droit d'organiser librement l'enseignement primaire et de subventionner les cultes leur soit reconnu sous la garantie de l'exercice du *referendum* par les citoyens;

4° Que les Comités de l'A. L. P. étudient dans chaque région les moyens propres à vulgariser l'histoire et la littérature provinciales; à rétablir les fêtes et coutumes locales dignes d'intérêt; à relever les industries et métiers locaux, et en général à réveiller ou maintenir le patriotisme local et régional, qui est la meilleure base du patriotisme national.

Enfin, MM. REILLE et SAINT-YVES présentent le vœu suivant :

« Le Congrès national de l'A. L. P. émet le vœu que l'organisation décentralisée de la France soit étudiée par les Congrès régionaux pour leurs régions respectives et que leurs vœux soient transmis aux prochains Congrès nationaux. »

Ce vœu est adopté à l'unanimité.

———————

ANNEXES

M. Fauchier, au nom du Comité d'Etudes Sociales, lit, relativement au projet de Constitution libérale, la déclaration suivante :

MESSIEURS,

A Lyon, l'an dernier, dans sa séance du 23 novembre, et sur la proposition de M. le député de Castelnau qui présidait, le Congrès général de l'A. L. P. adoptait à l'unanimité le vœu suivant :

« Le Congrès émet le vœu que le projet de Constitution libérale qui lui a été communiqué soit mis à l'ordre du jour des études des Comités de l'A. L. P., pendant l'année qui s'ouvre, afin de servir de base à l'édification, dans les Congrès postérieurs, d'un système d'ensemble de réformes politiques à présenter au pays. »

L'importance même de ce vœu a donné conscience aux auteurs du projet communiqué de l'utilité d'études complémentaires et leur a dicté le devoir de reviser leur œuvre primitive, mais ils n'ont pu le faire dans un laps de temps aussi bref qu'ils l'auraient souhaité.

La Section d'Etudes Sociales a donc, Messieurs, l'honneur de vous apporter aujourd'hui un nouveau projet, ou plus exactement, une édition soigneusement revue et corrigée du premier projet de Constitution libérale.

Il est permis d'exprimer le vœu que les membres de chaque Comité étudient, dans leurs réunions, les parties essentielles du projet constitutionnel dont le texte parviendra, pour leur être soumis, à tous les Comités. Ultérieurement, il leur sera envoyé, à titre documentaire, des études qui pourront servir de base pour l'examen de ce projet constitutionnel.

Il conviendra que les Comités départementaux, cantonaux et communaux veuillent bien, après examen, faire connaître dans leurs réponses au Comité Central, l'opinion des membres de l'Association sur les points précis des réformes constitutionnelles sur lesquels devraient, à leur avis, porter les efforts de l'A. L. P.

Telle est l'œuvre, Messieurs, à laquelle vous êtes conviés, œuvre qui emprunte aux circonstances actuelles et aux troubles qui agitent notre temps un caractère d'utilité pressante, d'impérieuse opportunité, car, soyons-en sûrs, le point faible de notre pays, c'est la mauvaise qualité de nos lois constitutionnelles.

Dieu veuille que cette œuvre qui tend à réaliser l'harmonie entre toutes les forces encore saines de notre pays se poursuive dans l'union de tous ceux qui ont au cœur l'amour du vrai, de la famille, de la patrie !

Mais nous ne méconnaissons pas les difficultés auxquelles vous vous heurterez pour la propager.

Il semble que, devant les tristesses de l'heure présente et l'anarchie qui monte, tous les cœurs restés sains devraient s'ouvrir afin de concentrer leur force vers un même but, unir leur volonté pour mieux s'élever à la hauteur du devoir apparu. Mais, pourquoi ne pas l'avouer, quelque regret qu'il nous en coûte, nombre de cœurs que fait battre l'amour du Vrai, du Bien, paraissent se replier sur eux-mêmes et se fermer. On voit les meilleures volontés, quand elles ne s'émoussent pas aux difficultés de la tâche, se contrarier dans leurs manifestations sous l'influence, souvent même inconsciemment subie, de l'orgueil et de l'égoïsme.

Des groupements d'hommes divers, mus cependant par une même conception et qui devraient poursuivre ouvertement la même fin, loin de fondre leurs efforts dans une harmonie nécessaire, apparaissent trop souvent plus préoccupés de souligner entre eux les divergences de détail, d'accumuler les unes contre les autres des critiques de tactique, voilées à peine sous une courtoisie de convention.

À l'heure actuelle, de pareilles attitudes sont des désertions.

Nous plaignons encore plus que nous ne blâmons ceux qui agissent ainsi, en raison des responsabilités qui pèsent sur eux devant Dieu et devant l'histoire.

Mais, Messieurs, n'allez pas vous méprendre sur nos intentions. Dans la mêlée, le soldat devient inaccessible à toute amertume; le courage est pour lui un devoir et une sauvegarde, et ce n'est pas un découragement fratricide que nous soufflons.

L'idée créatrice de notre grande Association est née et désormais impérissable. Indépendante de la forme du gouvernement et toujours nécessaire, l'A. L. P. poursuit son évolution dans le temps, par l'incessante multiplication de ses Comités, par l'extension continue de son champ d'action et par la nette expression de ses revendications formulées par ce projet de Constitution libérale.

Légitimement fière de constituer le plus important groupement libéral de France, sûre de triompher de toutes les vicissitudes, elle poursuit sa marche ascensionnelle vers la victoire définitive, portant fièrement sur ses étendards le signe sous lequel elle vaincra : *La liberté à l'aide du fécond rayonnement divin de la Vérité et à l'ombre de la Croix!*

La Réforme constitutionnelle.

Circulaire adressée aux Comités d'A. L. P. de Paris par la « Section d'Études sociales » :

À Lyon, l'an dernier, et cette année même, à Bordeaux, dans les deux plus récents Congrès généraux de l'A. L. P., des vœux unanimes ont été formulés en vue de faire porter sur les réformes constitutionnelles l'effort principal et constant de notre Association.

Soucieuse de répondre toujours davantage à ces vœux et de seconder efficacement leur réalisation, votre Section d'Études Sociales a soumis le mois dernier au Congrès de Bordeaux et vous soumet aujourd'hui un nouveau projet, ou plus exactement, une édition soigneusement revue et corrigée de son projet de Constitution libérale.

Elle croit devoir appeler, sur ce travail, toute la bienveillante attention des Comités parisiens de l'A. L. P., convaincue qu'ils y puiseront l'impression d'un fertile effort pour arracher notre pays à l'anarchie dans laquelle il se débat, et que la nécessité impérieuse leur apparaîtra d'orienter vers le but précis de la réforme constitutionnelle la puissance dont dispose en France notre grande Association.

Nous croyons fermement, Messieurs, que là est le salut et que faire pénétrer lentement, mais sûrement dans les masses profondes de la nation, la conception de l'opportunité, de la nécessité de ces réformes, c'est préparer efficacement aujourd'hui et assurer demain l'accès au but que poursuit notre commun patriotisme.

Confiné dans la lutte quotidienne pour la liberté et le droit méconnus et violés, notre rôle sur le terrain politique est réduit à une tâche ingrate et difficilement fructueuse. C'est toujours la bataille, aujourd'hui pour la religion, demain pour l'enseignement libre, pour la discipline de nos armées, bataille continuelle et toujours glorieuse quelle qu'en soit l'issue, mais bataille en rase campagne d'un soldat de la liberté et du droit contre dix du jacobinisme franc-maçon et sectaire, combat trop inégal pour que le courage puisse y avoir rapidement raison du nombre.

Mais montrer, à tous, les vices manifestes de nos institutions actuelles et en dénoncer les hypocrisies, faire éclater aux yeux de tous les avantages certains de lois constitutionnelles fondées sur la Vérité et la Justice, dont les divins rayonnements hâteront l'éclosion et l'épanchement de la Liberté, c'est, au contraire, investir l'orgueilleuse citadelle du bloc, c'est la cerner dans des travaux d'approche, c'est permettre à l'abri de tranchées protectrices à l'assaillant, numériquement plus faible, de pénétrer au cœur même de la place et d'y planter son drapeau.

C'est donc, Messieurs, à l'étude consciencieuse de ces réformes constitutionnelles que nous convions vos intelligences et vos volontés.

Le premier questionnaire trimestriel qui vous est remis aujourd'hui, en même temps que le projet de Constitution libérale, a trait au droit public, au suffrage universel et à l'organisation professionnelle. Il comprend aussi la question, devenue si actuelle aujourd'hui, de la représentation proportionnelle.

Les questionnaires suivants soumettront notamment à votre examen les projets relatifs à la décentralisation par l'organisation régionale et au mode d'élection du Président de la République.

Il a paru possible et souhaitable de réaliser en France une décentralisation plus harmonieuse que celle qui existe en Allemagne et aux États-Unis.

A certain point de vue et à de certains moments, le mode de décentralisation de ces nationalités pourrait présenter de sérieux dangers s'il était adopté en France.

Ces deux grands pays sont, en effet, des confédérations formées entre des éléments disparates, tandis que, pour notre patrie, il s'agit de décentraliser des éléments harmonieusement agrégés dans une unité nationale fortement établie.

Aussi la décentralisation est-elle, pour la France, proposée avec un même caractère pour toutes les régions, tandis que, dans les pays dont nous parlons, elle n'a pas un caractère d'harmonieuse unité.

Notre projet laisse intacts tous les services publics garants de notre unité nationale, mais, par contre, elle fait s'épanouir librement les initiatives régionales pour tout ce qui ne saurait nuire à cette unité nécessaire.

La grave question du choix de l'homme à qui devra être confiée la première magistrature du pays et de son mode d'élection, sera aussi scrupuleusement examinée par vous ultérieurement. Il vous appartiendra de décider si elle ne mérite pas d'être entourée de garanties plus grandes encore que celles qu'offre notre projet. L'importance même du poste d'honneur et de responsabilité que serait la Présidence exige qu'elle soit occupée par des hommes irréprochables, d'intelligence claire et ouverte aux conceptions à la fois idéales et abstraites, positives et concrètes, à des hommes qui, en étalant librement et sincèrement, dans des déclarations prescrites au besoin, les actes principaux de leur vie et de celles de leurs ascendants, mettent les électeurs à même de juger à quelles influences personnelles, à quelles impulsions ataviques ou issues d'habitudes contractées peut être soumise éventuellement la volonté des candidats à la plus haute charge de l'État.

Unissez donc, Messieurs, vos travaux et vos efforts à ceux de nos Comités de tous les points du territoire. L'union seule est féconde ; seule, elle assurera et accélérera la victoire que nous attendons tous, la victoire qui ne peut manquer de couronner tôt ou tard la marche infatigable et toujours ascensionnelle de notre grande Œuvre commune vers la vérité, source pure et garantie certaine de toute liberté.

CONGRÈS DE NANCY

Comité régional de Lorraine.

La Réforme constitutionnelle.

La déclaration suivante qui reproduit certains passages de la précédente circulaire a été lue au Congrès de Nancy, au nom de la Section d'Etudes Sociales de l'*A. L. P.*

MESSIEURS,

Il y a trois semaines à peine, au Congrès général de Bordeaux, un délégué de la Section d'Etudes Sociales de l'*A. L. P.* a lu une déclaration relative aux projets de réforme constitutionnelle.

La lecture de cette déclaration a donné lieu au vœu suivant qui a obtenu l'unanimité des suffrages:

« Le Congrès général de l'*A. L. P.* réuni à Bordeaux émet le vœu que les membres de chaque comité étudient dans leurs réunions locales les parties essentielles du projet constitutionnel dont le texte leur est soumis et poursuivent cette étude à l'aide des documents qui seront mis à leur disposition.

« Le Congrès invite instamment les Comités départementaux, cantonaux et communaux à faire, après examen, connaître dans leurs réponses aux questionnaires trimestriels qui leur seront remis, les points précis des réformes constitutionnelles sur lesquels, à leur avis, devraient porter les efforts de l'*A. L. P.* »

L'importance de ce vœu, Messieurs, ne saurait vous échapper, pas plus que la grandeur de l'œuvre qu'il sollicite. Aussi, sûre d'avance de votre patriotique adhésion, la Section d'Etudes Sociales a l'honneur de vous inviter à vous conformer à ce vœu dans vos Comités respectifs, à lui accorder votre concours et à porter l'effort de vos études sur le projet de Constitution libérale soumis à votre examen.

Le mal dont souffre notre grand et noble pays, n'en doutons pas, Messieurs, a pour cause principale un vice originel: l'absence de constitution; ce vice étouffe sa loyauté native française. L'œuvre réparatrice attendue sera réalisée le jour où la France pourra respirer, vivre, penser, agir et se développer dans une atmosphère de liberté. Il en sera ainsi parce que la liberté est fille de la vérité et que le divin rayonnement de celle-ci peut seul faire éclore et épanouir celle-là.

C'est à l'étude consciencieuse de ces réformes constitutionnelles que nous convions vos intelligences et vos volontés et vous êtes, Messieurs, admirablement placés ici pour y répondre. N'occupez-vous pas, en effet, dans cette grande région frontière, profondément française, une situation privilégiée pour répondre avec autorité à l'une des plus importantes questions constitutionnelles, celle de la décentralisation par l'organisation régionale? Votre titre glorieux de Français de l'Est écarte d'avance ce soupçon enfantin de toute idée séparatiste; et votre contact territorial avec l'Empire voisin vous documente de près sur les avantages qu'un grand peuple peut retirer d'une sage et harmonieuse décentralisation et sur les écueils qui doivent être prudemment évités.

En effet, Messieurs, il est possible et souhaitable de réaliser en France une décentralisation plus harmonieuse que celle qui existe en Allemagne et aux Etats-Unis.

A certain point de vue et à de certains moments, le mode de décentralisation de ces nationalités pourrait présenter de sérieux dangers s'il était adopté en France.

Ces deux grands pays sont, en effet, des confédérations formées entre des éléments disparates, tandis que, pour notre patrie, il s'agit de décentraliser des éléments harmonieusement agrégés dans une unité nationale fortement établie.

Aussi la décentralisation est-elle pour la France proposée avec un même caractère pour toutes les régions, tandis que, dans les pays dont nous parlons, elle ne revêt pas ce caractère d'harmonieuse unité.

Notre projet laisse intacts tous nos services publics garants de notre unité nationale, mais, par contre, elle laisse s'épanouir librement les initiatives régionales pour tout ce qui ne saurait nuire à cette unité nécessaire.

Unissez donc, Messieurs, vos travaux et vos efforts à ceux de nos Comités de tous les quatre points du territoire. L'union seule est féconde; seule, elle assurera et accélérera la victoire que nous attendons tous, la victoire qui ne peut manquer de couronner un jour la marche infatigable et toujours ascensionnelle de notre grande Œuvre commune vers la vérité, source pure et garantie certaine de toute liberté.

PREMIER QUESTIONNAIRE trimestriel (novembre 1907).

Droit public.

(TITRE PREMIER du Projet, page 9.)

1° Approuvez-vous les principes proclamés et les droits et devoirs reconnus ou imposés aux Français dans ce titre (art. 4, 5, 6, 7, 8, 9, 10, 14)?

2° Approuvez-vous l'énumération donnée des droits et devoirs de la société et de l'État (art. 11, 12, 13, 15 et art. 4 et 5 des dipositions générales, page 21)?

3° Que pensez-vous de la critique des constitutions françaises depuis 1791 jusqu'à 1875 (annonces-addenda)?

Le suffrage universel et l'organisation professionnelle.

I. — Organisation du Suffrage Universel.

(TITRE VII, de l'élection de la Chambre des députés, page 13.)

Approuvez-vous :

1° L'âge fixé pour l'électorat (art. 1er)?

2° Le double vote des pères de famille (art. 3)?

3° Le droit de vote de la mère de famille veuve (art. 4)?

4° Le scrutin de liste et la représentation proportionnelle (art. 7)?

5° Les mesures tendant à assurer le secret du vote (art. 8 § 9) et la sincérité des opérations électorales (art. 11, 12, 13, 14, 15, 16, 17, 18)?

II. — Organisation Professionnelle.

(TITRE VII, de l'Organisation Professionnelle et des Conseils du Travail, page 14.)

Approuvez-vous :

1° L'institution de la liste professionnelle avec ses diverses subdivisions (art. 8, 9, 10)?

2° Les dispositions spéciales concernant les militaires et les fonctionnaires (art. 10)?

3° L'institution des Conseils du Travail et les pouvoirs que leur confère le projet pour la solution des conflits du travail (art. 12 et 13)?

N.-B. — Le Comité d'Etudes Sociales mettra à la disposition des Comités de l'*A. L. P.*, sur leur demande, tous les documents et éclaircissements utiles. Les Comités ne sont pas astreints à se limiter au format forcément restreint de ce questionnaire et toute réponse détaillée sera accueillie avec la plus grande faveur.

ASSEMBLÉE GÉNÉRALE DU SOIR

MEETING DE L'ALHAMBRA

Présidence de M. Piou.

Dès 8 h. 1 2, près de cinq mille personnes remplissent l'immense salle de l'Alhambra pour assister au Grand Meeting qui clôture dans une inoubliable manifestation la troisième journée du Congrès. Dans cette même salle se sont déroulées bien des manifestations politiques et oratoires; il n'en est pas de plus imposante.

M. Piou préside.

Autour de lui les orateurs, MM. Lerolle, Jules Roche, Amédée Reille.

Puis, les membres du Parlement : MM. Albert de Mun, de Gailhard-Bancel, Ollivier, Guyot de Villeneuve, de l'Estourbeillon, Ballande, Leblanc, Maurice Spronck, Adigard, Xavier Reille, Auriol, etc., auxquels se sont joints de nombreux délégués des Comités, représentants du Comité directeur ou amis de l'A. L. P.

Dans l'assistance on remarque de nombreuses dames. La *Ligue Patriotique des Françaises* est excellemment représentée.

M. Piou fait son entrée aux accents de la *Marseillaise*, il est longuement acclamé.

M. Piou présente d'abord les trois orateurs : « orateurs d'élite, dit-il, d'origine politique et d'âges différents, mais tous trois animés d'un même amour de la liberté et de la patrie : le baron Amédée Reille, un jeune plein de vaillance, digne fils d'une race guerrière, qui s'est illustrée au service de la France..., Lerolle, « le vétéran sans peur et sans reproche que personne n'a jamais vu ni défaillir, ni reculer, et qui, dans ce temps où tout est en déclin, honore à la fois sa cause et son pays ».

Le troisième orateur est M. Jules Roche, l'inlassable champion des grands principes économiques et financiers qui ont fait de la France une des plus riches nations du monde. (*Applaudissements.*) L'A. L. P. n'a pas la joie de le compter au nombre de ses membres. Si nous nous sommes rencontrés au service de la Liberté, nous y sommes venus par des voies différentes; c'est encore un bonheur, quand on ne se retrouve pas dans le Temple, de pouvoir se serrer la main sous le péristyle.

L'horreur de l'arbitraire, le dédain de l'hypocrisie, des alarmes communes pour l'avenir de la France, nous ont réunis sans nous confondre. (*Applaudissements.*) L'invariable républicain qu'il est ne se trouve pas dépaysé au milieu de libéraux qui, repoussant toute idée de violence, veulent, comme lui, le salut du pays par la volonté libre du peuple. (*Applaudissements.*)

Cicéron a dit : « Vouloir les mêmes choses, ne pas vouloir les mêmes choses, c'est le fondement de l'amitié. »

Les mêmes aversions et les mêmes préférences sont aussi les bases des amitiés politiques. C'est pourquoi tout à l'heure en donnant la parole à Jules Roche comme à un ami, je suis certain de ne lui causer aucun embarras. (*Applaudissements.*)

Je m'excuse d'avoir laissé si longtemps libre cours à ma sympathie pour les orateurs que vous avez hâte d'entendre; je leur cède la parole.

DISCOURS DE M. LEROLLE

MESDAMES, MESSIEURS,

Il y a quelques semaines à peine, au pied de la statue de l'ancien ministre radical Goblet, le président actuel du Conseil des ministres faisait entendre des paroles qui ont eu dans notre pays un légitime retentissement.

Non sans une certaine surprise, on l'a entendu dire avec émotion sa douleur d'être obligé de combattre en ce pays même en faveur de la Patrie. Il raillait, avec son acerbe ironie, les fauteurs de la guerre de classe, et fustigeait sans pitié les doctrines déclamatoires du collectivisme. Puis, reportant notre souvenir à la Grèce antique, on l'a entendu, en termes charmants, nous redire la gloire, l'héroïsme, le passé d'Athènes, et tout d'un coup, laissant voir l'anxiété de ses craintes pour notre France, se poser à lui-même cette question : « Pourquoi ce peuple n'a-t-il manqué que de la seule puissance de durer? Et il répondait, en montrant la patrie méconnue de ses enfants, déchirée de leurs mains cruelles : « C'est que les luttes intestines en permanence devaient la livrer d'épuisement au Macédonien. »

A ces paroles vengeresses, à cette leçon de l'histoire, les honnêtes gens si nombreux encore et généreusement crédules, se sont plu à espérer que quelque chose de nouveau allait se passer dans ce pays, qu'une orientation nouvelle allait être donnée à la politique.

Hélas, leur illusion ne fut pas de longue durée; tout cela n'était que paroles d'apparat qu'emporte le vent. A la première séance de la nouvelle session du Parlement, il y avait à l'ordre du jour de nombreux projets de lois, dont l'opinion demandait la discussion. Mais, pour rallier une majorité chancelante et raffermir le bloc ébranlé, le ministre n'a trouvé rien de mieux que d'annoncer la destruction prochaine de ce qui reste de la liberté d'enseignement, et d'offrir à l'anticléricalisme les dernières dépouilles de l'Eglise catholique.

Ainsi donc, ne nous faisons pas d'illusions; les paroles du ministre n'auront été qu'un vain bruit. Nous avons encore à lutter, à lutter avec la même énergie, et aujourd'hui comme avant, en regard des ruines du passé et des menaces de l'avenir, notre action doit à la fois être œuvre de résistance et de réparation. (*Applaudissements.*)

Vous savez comment hypocritement on prépare le monopole de l'enseignement, et l'usage qu'on compte bien en faire.

Certes, je sais qu'il existe dans l'Université des hommes qui l'honorent, qu'il y a dans nos écoles publiques des maîtres dignes de leur mission qui savent concilier la liberté de leur pensée avec le respect de la conscience d'autrui. Mais ceux-là n'ignorent pas que la Maçonnerie a déclaré que « ce qu'il y a de déplorable dans l'enseignement, c'est l'Université elle-même »; que toute indépendance deviendra un crime pour les Loges toutes puissantes, et que le jour où le monopole sera rétabli en droit ou en fait, ils s'apercevront que la liberté d'enseignement était la garantie de leur propre indépendance. On nous en a prévenu : « Le jour où nous n'aurons plus à craindre la concurrence, nous serons les maîtres de l'enseignement, nous ferons les programmes nous-mêmes et nous saurons bien les imposer. »(*Applaudissements.*)

Or, vous savez d'avance ce qu'ils feront de notre jeunesse. Je parlais tout à l'heure de la Patrie. Loin de moi la volonté d'exagérer le mal, de le généraliser, mais qui donc peut contester l'atteinte portée à l'idée de patrie, parmi nous, même à l'école?

La Patrie, c'est la grande chose, le patriotisme, c'est le grand amour. La Patrie n'est pas seulement le sol où nous vivons, où dorment les aïeux, c'est encore le souvenir de nos gloires, la fidélité à ses belles traditions, la mémoire gardée des travaux de nos pères, pour nous faire ces progrès qui ne sont que leur effort accumulé.

Eh bien, une chose me blesse profondément et doit nous faire craindre pour l'avenir de notre pays, c'est que cette Patrie, on n'apprend plus aux enfants de notre génération à la connaître, on leur voile son passé ou si on leur en parle c'est trop souvent pour déverser sur lui la calomnie et l'injure. Et cela se comprend, après tout, de leur part.

Pour assurer leur tyrannie, les Loges ont entrepris de changer la mentalité

— 89 —

de ce pays. Or cette mentalité est chrétienne. Etudiez notre race, c'est une
sève chrétienne qui coule dans le sang de nos veines; laissez chanter en
vous-mêmes la voix des aïeux, vous y entendrez le *Credo* catholique. Ce sont
des héros chrétiens qui ont fait nos frontières; l'esprit chrétien inspire les
chefs-d'œuvre de notre langue; c'est la charité catholique qui a fait germer
sur notre sol toutes ces œuvres où on a si longtemps consolé les souffrances,
adouci les misères et su mettre un sourire jusque dans la mort. (*Applaudissements.*)

On ne peut nier tout cela et pour arracher le christianisme de l'âme française qu'on veut mutiler, il faut lui cacher ou dénaturer cette belle histoire.

Alors, on voit des hommes qui sont des professeurs publics, avec le concours de députés de la majorité, proscrire des livres scolaires des phrases
comme celles-ci : « J'aime ma patrie, la France, parce qu'on m'a appris qu'elle
a toujours été vaillante, généreuse et que sa vie est pleine de gloire. » Il ne
faut plus dire cela à nos enfants, il faut réduire à la moindre mesure l'amour,
le respect de la Patrie, si on ne peut étouffer entièrement le Patriotisme.

Mais le Patriotisme, comme tout amour sincère, ne va pas sans sacrifice.
Certes on sert sa Patrie par le devoir quotidien bien rempli. Pourtant il y a
des jours où le sort d'une nation se joue sur le champ de bataille, et ce jour-
là, le patriotisme s'incarne dans l'armée. Or, qu'est-ce que l'armée sans le
courage guerrier? Et voici qu'une conspiration s'ourdit chez nous contre les
vertus militaires; voici que dans les Amicales d'instituteurs, on décrète qu'il
ne faut plus mettre dans les écoles les tableaux représentant les exploits
des héros qui ont fait notre grandeur nationale, on condamne des manuels de
morale civique où l'auteur fait dire à l'élève : « Je témoignerai mon amour à
ma patrie... en défendant son sol et son indépendance contre l'étranger,
même au prix de mon sang... » Faire devant les enfants l'éloge du courage
guerrier, c'est au dire d'un haut fonctionnaire de l'enseignement, leur donner
« une éducation de sauvages ».

Et dernièrement, à Lille, lorsque des instituteurs patriotes demandaient
à leurs collègues d'envoyer à nos petits soldats d'Afrique, à ceux qui montrent là-bas qu'il y a encore du bon sang français dans les veines populaires,
de leur envoyer un salut de fraternité et d'admiration, ces patriotes furent
hués, et on refusa de s'associer à ce vote en l'honneur de l'armée! Et le chef
du cabinet prétend qu'il combat en ce pays pour l'idée de patrie! Quand
donc, où donc les combats généreux qu'il a livrés! je lui demande ce qu'il
fait contre ces menées sacrilèges, quelles résistances il oppose à ces doctrines. Et s'il est misérablement impuissant à empêcher des instituteurs de
les répandre dans l'enseignement public qu'ils corrompent, pourquoi laisse-
t-il fermer tant d'écoles libres, qui sont des réserves de patriotisme, où on
apprend encore à aimer la Patrie de l'amour généreux qu'il faut avoir pour
elle, à l'aimer tout entière, dans son passé qu'on respecte, dans le présent
où on la sert, dans l'avenir qu'on lui prépare? (*Applaudissements.*)

Mais on ne poursuit pas seulement dans l'enseignement ce catholicisme
qu'on veut détruire. Vous savez que la Chambre discute actuellement une
loi que notre ami Groussau a appelée avec raison un acte de brigandage
public. Ah! si l'on pouvait dans les grandes assemblées populaires dresser
l'état de ce qu'ont coûté aux intérêts de tous les diverses phases de la guerre
antireligieuse, vous verriez, Messieurs, quelles ruines on a semées parmi
nous; si vous comptiez quelles ressources apportait dans ce pays la masse
des religieux qui ont dû s'expatrier, si vous saviez la masse de travail dont
la Séparation a privé une foule de braves gens occupés dans les établissements religieux, vous seriez effrayés des lamentables détresses qu'a accu-
mulées déjà la tyrannie jacobine.

Mais nos « jacobins dégénérés » ne sacrifient pas seulement les intérêts
matériels à leurs haines sectaires, il faut leur reprocher aussi la violation

des intérêts moraux, et surtout cette négation permanente du droit qui trouble les consciences et désapprend à respecter la justice.

Voulez-vous un exemple entre beaucoup d'autres? L'État a besoin d'un établissement scolaire. Voici justement un séminaire, qui appartenait à la Mense épiscopale, et dont l'État s'est emparé. Hier, c'était encore la maison de la prière, la maison où de jeunes hommes se préparaient par l'étude et la mortification d'eux-mêmes au service de Dieu. Peu importe. L'État actuellement ne recule pas devant une inconvenance. Ce sont de bonnes constructions, tout y est bien installé. Faisons de ce séminaire une école où des enfants seront élevés en dehors de toute idée religieuse. Ce sera très commode. Et ainsi est fait. N'est-ce pas la spoliation sans déguisement? Mais les choses elles-mêmes ont leur éloquence. Et j'imagine que lorsque dans ces murs volés, on voudra enseigner aux élèves le respect de la propriété, l'écho leur redira les protestations indignées de tout ceux en qui le droit de propriété a été violé (*Applaudissements.*)

Voici un fait encore plus odieux. Le respect des morts nous est sacré entre tous; c'est peut-être le dernier respect qui reste dans l'esprit de beaucoup d'hommes, c'est la protestation contre le néant, l'hommage de la tradition à la perpétuité de la vie.

Des hommes ont fait des fondations pieuses afin d'assurer des prières perpétuelles pour eux-mêmes ou pour les leurs; c'est sacré, cela, pour nous tous. Ce ne l'est pas pour le gouvernement. Car il prend les sommes consacrées à ces services religieux et déclare par une loi que les établissements à qui sera dévolu l'argent des fondations, non seulement ne seront pas tenus d'accomplir, mais n'auront pas le droit de remplir la volonté des fondateurs. Ils ont poussé l'art de la spoliation jusqu'à dépouiller les morts eux-mêmes.

Cependant les protestations éclatent de toutes parts, contre cette prétention impie, contre cette expropriation des morts, contre cette interdiction de payer la dette sacrée de la prière. Que répondent-ils pour justifier cette monstruosité? « Nous sommes bien libres de faire cela, puisque nous vous avons posé des conditions pour garder vos biens et que vous ne les avez pas acceptées. »

Étrange réponse, n'est-ce pas? Et de quel droit donc nous posent-ils des conditions pour garder ce qui est à nous? des conditions pour respecter le contrat au bas duquel est leur signature?

Un jour, un homme entre chez vous, brise votre coffre-fort, s'empare de ce qu'il contient. Vous criez au voleur! Mais lui, spoliateur doucereux, à la parole conciliante, à sa façon libéral, proteste contre votre indignation : « Ne criez pas si fort, il y a des moyens de s'arranger, de s'entendre entre nous; je vais vous poser des conditions; si vous acceptez, je vous laisse vos trésors. » Malgré tout, vous continuez à crier au gendarme! — vous êtes indigné de l'audace de la proposition, et combien plus surpris encore si, prenant votre argent, il ajoute : « Laissez-moi partir, je suis pressé; il faut que j'aille défendre le grand principe de la propriété individuelle. » (*Rires et applaudissements.*)

C'est le spectacle auquel nous assistons, impuissants à l'empêcher, mais l'indignation au cœur.

Cependant, il y a des hommes qui ont pour mission de faire respecter les charges de ces fondations; ce sont les représentants de ceux qui les ont faits. La loi le proclame en effet, c'est le droit écrit. Mais détrompez-vous : on va changer tout cela. D'après le projet de loi en discussion, seuls les héritiers directs, au mépris de tous les principes du droit public, pourront demander la révocation des fondations pour inexécution des charges. Cette faculté est déniée à tous les collatéraux. Or, bien souvent, remarquez-le, ces fondations ont été faites par des prêtres, par des religieux ou des religieuses, qui n'ont pas d'héritiers directs. La confiscation est sans remède. Mais il y a des frères, des sœurs, des neveux, interprètes de la pensée du mort qu'ils représentent : il y a surtout cet héritier, qui n'est pas institué par la nature mais par la volonté expresse du défunt, le légataire universel. On avait essayé de les écarter des revendications, de les arrêter au seuil des tribunaux. Peine perdue, le droit est tellement évident, qu'en dépit de toutes les pressions, tous les tribunaux, sauf trois, ont donné tort à la prétention gouvernementale au nom de la justice et de la loi. Mais, c'est un système nouveau, quand les arrêts de justice ne plaisent pas, de modifier les lois afin de contraindre légalement les juges à rendre les services qu'on attend d'eux. Les collatéraux gagnent leurs procès, cela ne peut se souffrir, et la loi va intervenir pour assurer la confiscation, sans qu'ils puissent même réclamer.

Est-ce que vous ne voyez pas là, à la grande joie du collectivisme, le premier pas vers la suppression des héritages ?

Ce n'est pas tout encore. Et si on pouvait écarter de soi le souci du droit, on assisterait à ces discussions avec un certain plaisir d'art tant les auteurs du projet ont d'ingéniosité à violenter le droit. Ils ont d'abord déchiré bien des pages du Code civil, et dès qu'ils s'attaquent au Code de procédure, ils font sur ce terrain nouveau de véritables trouvailles. En voici une.

C'est un principe de droit, écrit dans la loi, que toute partie qui succombe dans son procès doit être condamnée aux dépens. Et cette disposition se justifie par une double raison de justice et de prudence. Il est juste que celui qui a été entraîné dans un procès par la mauvaise foi ou la témérité de son adversaire, n'ait pas à supporter, outre les ennuis inférents à tout procès, les frais considérables qu'il entraîne. Et d'autre part, on peut espérer que le plaideur, incertain de son droit, sera arrêté par la crainte de supporter les dépens de l'action mal engagée. Cette règle si sage est générale, elle constitue entre les parties plaidantes un véritable contrat, auquel nul ne peut se soustraire.

Eh bien, dorénavant, il y aura une exception. Ceux qui demanderont la révocation d'une fondation, d'une donation pour cause d'inexécution des charges, quand il s'agira de clauses pieuses, de messes à dire, supporteront les frais de procès, même s'ils le gagnent, quels qu'aient été les procédés, les torts du séquestre détenteur des biens revendiqués. C'est un premier déni de justice.

Attendez avant de vous indigner ! en voici un second. Lorsqu'une donation est révoquée, elle est censée n'avoir jamais été faite et la chose un instant donnée revient au patrimoine du donateur ou de ses héritiers, telle qu'elle était à l'heure de la donation libre de toutes charges nouvelles. Cela reste vrai dans tous les cas, excepté quand il s'agit de donations pieuses. Ici le séquestre condamné à restitution ne rendra pas ce qui a été donné, mais seulement la part des dons exactement correspondant aux charges inexécutées. Vous avez donné 10.000 francs avec charges de messes. Les messes ne sont pas dites, on restituera, une fois la donation ou la fondation révoquée, 200 francs, 100 francs, peut-être moins, sur les 10.000 versés. Et pour obtenir ce maigre résultat, le donateur, fondateur ou son héritier direct paiera tous les frais du procès que le mauvais vouloir du séquestre aura pu grossir à sa guise. N'avais-je pas raison de vous dire que c'était une merveilleuse trouvaille ? (*Exclamations.*)

Comme je comprends vos exclamations! Personne en France ne peut, sans risquer quelque chose, soutenir un procès injuste. La permission d'être un malhonnête homme, sans rien risquer, devient le privilège exclusif de l'Etat et de ceux qu'il protège! (*Applaudissements.*)

Vous croyez avoir touché le fond de l'abîme : non pas! il faut toujours descendre quand on étudie de telles lois.

Non seulement cela s'appliquera aux procès qui vont être introduits, mais, cela s'applique aussi aux procès en cours.

Je suppose un légataire qui a commencé un procès : il l'a gagné en première instance, et devant la Cour d'appel. Le voilà appelé, par ceux qui ne craignent plus de faire des frais, en Cassation. Mais, la loi dont je parle est votée, demain tous les procès qu'il a gagnés sont anéantis, son droit est méconnu, il n'aura pas les choses que le Tribunal et la Cour ont ordonné de lui rendre, mais... il aura à supporter tous les frais de ces procès devenus inutiles !

Étonnez-vous, après cela, si, l'autre jour, M. Paul Beauregard, en terminant son discours, disait qu'un Parlement qui s'habituait à la violation du droit, devient un danger permanent pour tous les citoyens d'un pays. N'avait-il pas raison celui de nos collègues socialistes qui est monté à la tribune pour dire qu'il voterait cette loi, surtout parce que c'était une loi dirigée contre le Code civil, parce qu'elle était une violation du droit privé, et posait le principe dont on se servirait un jour pour l'expropriation générale de tout le capital.

Et M. Clemenceau, dont le ministère présente et appuie de telles lois, prétend combattre le collectivisme menaçant. Jugez un peu, Messieurs, s'il ne le combattait pas ! (*Rires et applaudissements.*)

Et c'est celui qui a la responsabilité de tous ces actes, qui parle d'union, de la nécessité de faire cesser les discordes qui affaiblissent la patrie et peuvent la livrer *au Macédonien*. Il disait cela devant la statue de Goblet. Ah ! certes, j'aurais bien des réserves à faire sur le rôle de l'ancien ministre radical. Mais comment son successeur ne s'est-il pas souvenu, à ce moment, de son dernier écrit retentissant ? Il l'avait intitulé : « Où allons-nous ? » et, d'avance, il y condamnait, en ces termes, la politique anticléricale de ceux qui devaient célébrer ses mérites. « Jamais l'avenir, écrivait-il, n'est apparu plus incertain. Sous prétexte de travailler à l'unité morale du pays, on a, depuis quelques années, entrepris une lutte violente contre ce qu'on appelle le cléricalisme, lutte qui s'aggrave tous les jours, dont il est impossible de prévoir l'issue, et dont le résultat le plus clair est d'avoir amené le pays à un état de division qu'il n'avait pas connu jusqu'à présent. »

Mais pourquoi ces discordes ? Ces actes que je dénonce, comment peuvent-ils les justifier, honnêtes gens qui m'écoutez ? Comment, des hommes intelligents qui ont la charge des intérêts français ne s'aperçoivent-ils pas que leur œuvre est tout à fait antifrançaise et antihumaine ? Oui, antihumaine et antisociale, permettez-moi de vous parler avec une entière liberté, car toute réserve à ma pensée serait comme une injure à cette grande Assemblée.

L'homme n'est pas un être de négation. Il est, par sa nature, fait pour l'affirmation, il a besoin de croire, il veut un but à sa vie, interrogez-vous, interrogez les plus distraits des choses éternelles ; à certains jours l'homme se sent supérieur à lui-même, transporté dans les hautes régions où toute pensée se purifie, où la volonté se fortifie. Cela, c'est le mouvement de l'âme, c'est l'âme immortelle qui nous élève, nous grandit, annoblit le terre à terre de la vie, l'âme immortelle qui a faim et soif de vrai, de bien, de beau. (*Applaudissements.*)

Dans ce pays, depuis de longs siècles, la loi chrétienne était la loi morale de tout le peuple, c'est elle qui dirigeait ses actes, par elle qu'il jugeait toutes choses. Or, on prétend détruire cette antique influence, et enlever à l'âme ce frein moral que lui avait donné le christianisme. On efface tout ce qui est chrétien de la pensée française. Aux claires prescriptions chrétiennes qui faisaient le devoir précis, on substitue je ne sais quelles vagues affirmations, sans fondement certain pour l'intelligence, sans valeur pour la conduite. Plus de vérités immuables, disent-ils, mais seulement des idées qui sont une force qui évolue : l'homme est voué au doute universel. S'il regarde autour de lui, tout est noir, on lui a fermé le ciel ; sur la terre, les choses essentielles de l'être lui sont devenues inexplicables : alors il se replie sur lui-même, il ne voit plus rien de certain que son existence, que la réalité de ses instincts, et, dans son besoin d'affirmation, ne trouvant plus que lui-même à affirmer, sur les ruines des cultes désertés, il institue le culte odieux du Moi!

N'est-ce pas la vérité? Est-ce que vous ne voyez pas dans les mœurs qu'on nous fait la conséquence de ces négations audacieuses? Est-ce qu'elles ne nous livrent pas à l'égoïsme, au sensualisme corrupteur? La jouissance est donnée comme but à l'activité humaine. Les heureux du monde, ceux qui peuvent jouir, sont insatiables de plaisir; on s'y rue à travers toutes les défaillances morales, et au dépens même de l'honneur. Chez ceux qui ne peuvent pas jouir, la misère s'accroît de toutes les déceptions des envies inassouvies et des comparaisons haineuses. On ne souffre pas seulement d'être pauvre, on a honte de sa pauvreté, parce qu'on a perdu la notion de la noblesse du travail, de la grandeur du devoir, et qu'on n'a plus, hélas! les espérances éternelles qui faisaient supporter les amertumes de la vie. Des avidités sans borne font des revendications sans justice. Et pour celui qui regarde d'un œil superficiel ce pays, sans tenir compte des belles réserves qu'il contient encore, il semble qu'il n'y ait plus que deux partis : celui de ceux qui possèdent et veulent jouir, et le parti de ceux qui ne possèdent pas et qui veulent prendre.

Voilà où ils nous ont conduits, et pour achever leur œuvre néfaste, ils veulent achever d'extirper de ce pays ce qui y reste de ce christianisme, qui, s'il n'a pas fait de la France un Paradis, lui a pendant des siècles donné la paix sociale. Et leur crime est de faire ces destructions, sans savoir même s'ils pourront reconstruire, ni par quoi ils remplaceront les doctrines qu'ils proscrivent.

M. Clemenceau a pourtant quelquefois ses heures de pessimisme. Il écrivait un jour : « Qui dit évolution, dit courbe, hélas! et l'ascension ne peut être infinie. Après le sommet atteint, c'est la descente, la chute lente ou rapide dans la vertigineuse nuit... Ainsi, me dira-t-on, voici tout ce que vous pouvez nous offrir. Une lutte effroyable, des siècles déchirants de douleur et de mort pour une inutile vie. La désespérance et le néant. Le rêve tout au plus.

« Hélas! je ne vous offre rien... je juge et constate. Et quand la nuit se fait, je le dis : voilà tout. »

Et à l'homme soumis à ces désenchantements, qui voit la nuit monter, on lui interdit d'espérer, de regarder au delà de cette nuit les belles clartés que nous entrevoyons dans le ciel! (Applaudissements.) Non, on n'y réussira pas. Mais cette œuvre d'irréligion, je le répète, est à la fois anti-humaine et anti-sociale, parce qu'elle crée dans l'âme de l'homme une souffrance, et qu'elle diminue sa puissance pour le bien.

Et le mal est si grand, le vide qu'a fait la diminution du christianisme parmi nous est si évident, que les meilleurs d'entre les incrédules ont voulu, pour y remédier, chercher une base nouvelle aux lois sociales. Plusieurs prétendent l'avoir trouvée dans la doctrine de « Solidarité » qu'ils veulent substituer aux principes chrétiens.

Ne contestons pas ce qu'il y a de vrai dans cette doctrine : Solidarité! ce n'est pas seulement un mot, c'est un fait. Je sens bien que je ne suis pas isolé sur la terre, je sens derrière moi la foule des aïeux, devant moi la foule de ceux qui sortiront de moi, autour de moi, tous ceux qui suivent le même chemin de la vie. Quand j'accomplis un acte, je sens qu'il est un écho du passé, qu'il aura un retentissement dans l'avenir, et que, bon ou mauvais, il est utile ou nuisible à tous ceux qui m'entourent. Et cette communauté de souvenirs, d'espérance, de peine, de travail, de joie, tout cela est un lien mystérieux, mais très réel, qui nous lie les uns aux autres, c'est le lien de la solidarité humaine; je le sais aussi bien qu'eux. Mais il ne suffit pas de constater le fait, d'y voir la nécessité du devoir, il faut encore y trouver la loi qui impose l'obligation morale de ce devoir. Toute la théorie se résume à nous poser les uns vis-à-vis des autres comme des créanciers et des débiteurs. L'idée a sa grandeur, j'en conviens. Tout homme, par sa naissance, est créancier de ce qui est nécessaire à sa vie, il le devient encore par un effort qui contribue au bien général; tout homme est débiteur aussi pour les efforts accumulés des générations précédentes, pour ceux de ses contemporains dont il va tirer profit. Mais qui donc mesurera la portée exacte de ses droits? Qui donc lui dira la mesure de sa créance et de sa dette? Qui donc en assurera le juste paiement? Ce rapport de créanciers et de débiteurs ne peut pas suffire à faire, entre les hommes, l'harmonie dans la justice et dans l'amour!

Est-ce que vous n'avez jamais vu de créanciers exigeants, avides, et des débiteurs insolvables ou récalcitrants? Il faut quelque chose de plus que des théories de droit pour forcer au devoir. Or, nous l'avions dans nos traditions chrétiennes et françaises. A côté de la Justice que rien ne remplace, nous avions la Charité, c'est-à-dire l'amour imposé par Dieu pour tous ceux qui vivent à côté de nous. Est-ce qu'on peut se passer de cette force de vie! Est-ce qu'elle n'est pas la vraie force sociale! Elle a sa place indiquée, nécessaire à côté de la Justice. Elle lui est même supérieure, car la justice a des limites et la charité n'en a pas; car la justice a des rigueurs inévitables, et la charité panse les plaies faites par ces rigueurs; car on n'est jamais si facilement juste qu'en vers ceux qu'on aime, et ainsi l'amour est la meilleure garantie de l'exacte Justice. Et cette grande loi de l'amour, c'est elle qui met un baume sur les souffrances, et, par la diffusion qu'elle nous impose de nous-mêmes, est le plus puissant agent de tous les progrès de l'humanité.

Mais tout cela, c'est la vieille loi chrétienne: ils n'en veulent pas!

Nous en voulons, nous, Messieurs! et nous le proclamons.

Nous ne devons pas être seulement un parti politique; nous ne devons pas être seulement un parti d'action électorale, mais nous devons aussi et surtout être un parti de doctrine et d'action sociales pénétrant ce pays tous les jours de plus de justice et de plus de bonté; c'est là ce que vous êtes appelés à faire en vous unissant à l'A. L. P. (Applaudissements.)

Je sais que l'œuvre est grande, difficile. Apportons-lui le concours de nos énergies et de nos volontés.

On nous montre nos défaites en cachant nos victoires; on nous dit que nous vivons depuis cinq ans et que nous n'avons pas gagné toutes les batailles.....

Il y a quelques jours, un Belge, qui avait participé à cette éclatante victoire des dernières élections communales en Belgique, disait avec joie: Nous venons de conquérir tout le Conseil municipal de notre commune, et nous n'avons mis que quinze ans pour arriver à ce résultat!

Méditez ce mot, vous qui nous reprochez de n'avoir pu organiser en cinq ans la victoire; voyez ceux-là, qui se félicitent quand après quinze ans de rudes efforts, ils obtiennent le succès. Le succès! Est-ce que vous en doutez, Messieurs? Mais rappelez-vous comment ces Belges l'ont obtenu, rappelez-vous lorsque les catholiques allemands luttaient contre le Chancelier de fer encore auréolé de nos défaites, ce mot de Windhorst attestant la nécessité de la discipline: « Mes congrès, ce sont mes manœuvres d'automne. »

Tous ont ardemment, patiemment préparé la victoire et la victoire est venue.

Auparavant, les Anglais avaient connu aussi une période longue de déchéance religieuse et de décadence morale: Montesquieu nous en a tracé le curieux tableau: « Dans la vie politique, disait-il, les marchés éhontés se poursuivaient ouvertement, des mœurs honteuses et une vénalité notoire n'empêchaient pas d'exercer les charges publiques..... Les Anglais ne sont plus dignes de leur liberté. Un ministre ne songe plus qu'à triompher de son adversaire dans le Chambre, et pourvu qu'il en vienne à bout, il vendrait l'Angleterre elle-même. Plus de religion en Angleterre, quatre ou cinq membres de la Chambre des communes vont à la messe ou au sermon. Si quelqu'un parle de religion, tout le monde se met à rire..... » Mais attendez : quelques années passent, et un magnifique réveil moral se produit dans ce pays! comment cela s'était-il fait? Cela s'était fait parce que ceux qui luttaient pour le bien avaient foi en leur cause, qu'ils avaient un dévouement invincible, et surtout parce qu'à la confiance et au dévouement ils avaient joint l'organisation.

Or, cette organisation se fait tous les jours plus forte dans notre Association; la confiance, est-ce que vous ne l'avez pas réconfortée par l'approbation de tant de braves gens venus de tous les horizons du pays, affermie par d'illustres amitiés et par les haines significatives de ceux qui sont restés les irréconciliables ennemis de ce que nous aimons! Le dévouement! Je n'ai pas l'habitude des éloges vains, mais nous voyons tous notre Président général semer sa vie sur tous les chemins de France; il nous mène au devoir, est-ce qu'il n'y en a un seul qui ne soit parmi nous prêt à le suivre!

Et alors, si nous avons cette confiance, ce dévouement, cette organisation, avec la complicité de ce qui reste en France de générosité et de bon sens, qui donc peut empêcher notre succès! (Applaudissements.)

Mais, pour l'obtenir, il faut convaincre enfin les défiances injustifiées, amener à nous la masse des indifférents, des hésitants, des hommes qui ne veulent ni voir, ni entendre, ni comprendre : je les connais, demain, après ce Congrès, ils vous regarderont revenir et, railleurs peut-être, demanderont : Quels sont ces gens de l'A. L. P.?

Vous leur répondrez hautement et simplement : Nous sommes les braves gens de France; nous sommes ceux qui ne veulent pas donner notre complicité aux iniquités commises, ou les excuser de notre lâche silence; ceux qui, forts dans le devoir, invincibles dans leurs résolutions et dans leurs espérances, préparent chaque jour le réveil du droit triomphant; ceux qui ont entendu la plainte des misères humaines, qui y ont ouvert leur cœur tout grand et veulent réaliser la justice et tout l'amour possibles. (Applaud.)

Nous sommes les hommes de la Patrie, les hommes de la famille, nous sommes affamés d'union entre tous les bons citoyens et tendons notre main à tous ceux qui veulent y mettre la leur, leur demandant de s'unir à nous dans le respect de nos libertés et de nos croyances; nous sommes les hommes de l'A. L. P. (Applaudissements.)

Dites ces choses demain, dites-les toujours, dites-les partout, forcez les oreilles les plus fermées à les entendre. La lutte où vous êtes engagés sera longue; peut-être quelques-uns de ceux qui mènent le combat auront succombé à la tâche pour le triomphe de tous, mais, je vous l'affirme, grâce à Dieu et à votre dévouement, si vous avez donné à votre action le droit pour base, l'honnêteté pour moyen, si vous avez surtout en vue la grandeur morale, un jour viendra où vous chanterez enfin le chant de Victoire, dans la France réconciliée, libre et prospère. (Applaudissements prolongés.)

DISCOURS DE M. JULES ROCHE

Messieurs,

La tâche que j'ai assumée est particulièrement ingrate, surtout dans un auditoire où les sentiments les plus nobles de l'âme humaine ont été soulevés par la parole si éloquente et si profondément convaincue des orateurs que vous venez d'entendre.

Mon tour est venu de vous exposer une question en apparence exclusive-

ment économique et fiscale, cependant si vaste que, pour la traiter claire-
ment, il me faudrait abuser de votre attention bienveillante pendant plusieurs
séances, alors que c'est en quelques instants qu'il me faut essayer de vous
faire comprendre quelle est la nature du problème dont s'occupe en ce mo-
ment-ci, avec tant de raison d'ailleurs, la France entière.

Je n'essaierai pas d'entrer dans les détails du projet; ce serait impossible!
je vais plus loin, c'est inutile, et je vous demande la permission de dissiper
tout de suite une croyance généralement répandue : c'est qu'il y a plusieurs
systèmes d'impôt sur le revenu; et que pour apprécier la répercussion de tel
ou tel système sur la situation particulière de tel ou tel contribuable, on doit
se livrer à cette opération bien connue dans un port maritime comme Bordeaux, qui s'appelle « le sondage » (*rires*) et qui est devenue une opération
administrative plus ou moins exactement accomplie.

Eh bien, ce n'est pas là une idée juste. La vraie méthode d'examen est
beaucoup plus haute, plus générale, car il se trouve que cette question fiscale touche en même temps aux lois les plus profondes, les plus universelles
de la constitution des États, ainsi que l'histoire nous le montre, pour peu que
nous sachions la consulter avec quelque clairvoyance et quelque attention.

Qu'est-ce que l'impôt sur le revenu? quel est son vrai caractère?

Et d'abord, il y a ici une distinction qu'il faut faire, distinction très profonde entre le singulier et le pluriel d'un même mot, quelque habitués que
nous soyons à ne voir entre ces deux termes qu'une différence de nombre.

Dans l'impôt sur *le* revenu ou sur *les* revenus, il y a une différence profonde
d'organisation des deux systèmes, et l'un ne ressemble presque en rien à
l'autre.

Commençons par le pluriel, en renversant la coutume: l'impôt sur *les* revenus peut, dans certaines conditions, ne pas présenter les vices radicaux (*rires*)
de l'impôt sur le revenu; il peut être appliqué avec justice peut être une
œuvre loyale, utile, et je vais vous en citer un exemple.

Les revenus peuvent être considérés, dans certains cas, en soi, comme un
objet matériel. *Le revenu* ne peut jamais être de la personne, car il est tout
l'ensemble des ressources d'un contribuable; pour le connaître, il faut dresser le bilan de la situation de chaque contribuable.

Les revenus pris isolément, sans qu'on sache quel en est le total, peuvent
être frappés d'impôts de la façon la plus équitable; ainsi, on a voté en 1871
un impôt qui s'est appelé « Impôt sur le revenu des valeurs mobilières ».
Voilà un revenu pris en soi; vous avez dans votre portefeuille une obligation
des chemins de fer d'Orléans; cette obligation qui rapporte normalement
15 francs et les rapporte effectivement est frappée d'un impôt sur le coupon:
impôt de 4 %.

C'est là l'impôt sur *les* revenus.

C'est un des revenus frappés isolément : on ne vous demande pas combien
vous avez d'obligations ; on ne fait pas le total, c'est le coupon qui est frappé,
et, lorsque vous allez le toucher à la gare, personne ne sait si vous possédez
une obligation, si vous avez payé un impôt, personne ne s'est inquiété de
vous.

Vous avez une maison; cette maison est frappée d'un impôt calculé d'après
le revenu que vous touchez si vous la louez, ou d'après le prix qu'il faudrait
que vous la louiez dans le cas où vous l'habitez; on en détermine la valeur
locative et ce revenu est frappé impersonnellement qu'il soit à vous, à Pierre
ou à Paul. Que demain vous, propriétaire qui payez l'impôt, vous ayez cédé
la maison à un autre, cet autre paiera le même impôt. Donc, on ne recherche
pas quel est le propriétaire, on recherche uniquement le revenu de l'objet
imposé.

C'est juste; il n'y a rien à dire; il n'y a pas d'inquisition, pas de vexation,
pas d'arbitraire, n'est-ce pas? c'est un objet qui est imposé, c'est un impôt

sur les revenus, c'est une classe, une cédule, comme on dit en Angleterre.

Ce n'est pas un homme, un individu qui est taxé; la preuve, c'est que si cet homme possède dix maisons, qu'il soit assez malheureux pour être obligé de subir dix fois les lois de police pour que ses maisons soient propres, — ce qui est une épreuve cruelle! — eh bien, le percepteur peut parfaitement l'ignorer; s'il a dix maisons dans dix villes différentes, le fisc, le terrible fisc n'en saura rien du tout, n'aura pas à le rechercher, parce que c'est la maison qui est imposée; c'est l'objet, ce n'est pas la personne.

C'est là le système des Anglais, et quand on nous parle d'impôt sur le revenu, comme en Angleterre, c'est une erreur; il n'y a pas, en Angleterre, d'impôt sur le revenu, il y a l'impôt sur les revenus.

Les Anglais sont des gens trop soucieux de leur liberté pour supporter une minute un des projets quelconques dont on a inondé la Chambre depuis vingt ans en France, comme impôts sur le revenu.

Ils ont, depuis le commencement du xix* siècle, l'impôt sur les revenus, l'income-tax, l'impôt sur la propriété foncière, les maisons, les valeurs mobilières, les revenus professionnels, les revenus du commerce et de l'industrie. Il y a cinq classes, mais cinq classes isolées; il n'y a pas d'inquisition, on ne recherche pas les différentes positions du contribuable sur les différents points de l'Angleterre.

Il n'y a qu'une cédule où les Anglais sont obligés de subir certaines inquisitions, telles que leurs mœurs le permettent, c'est la classe, la cédule « C » qui consiste dans l'impôt sur les revenus du commerce et de l'industrie.

Là, se rencontre nombre difficultés, parce que la détermination des bénéfices commerciaux ou industriels, en tous pays, est toujours des plus délicates.

Aussi, malgré que l'income-tax ne soit pas un impôt sur le revenu, malgré qu'il soit un impôt sur les objets séparés, ne frappant pas la personne, les Anglais se sont empressés de le supprimer dès que les circonstances s'y prêtèrent; seules des nécessités d'État ont amené le rétablissement de cet impôt et aujourd'hui il donne au Trésor de telles ressources, qu'il ne trouve pas le moyen de le remplacer.

Mais, théoriquement, doctrinairement, au point de vue de la science financière, les Anglais ne sont pas du tout, au moins en général, partisans même du principe de l'income-tax, et la plupart d'entre eux, s'ils pouvaient remplacer le système, le remplaceraient certainement, quoique je doive reconnaître, pour être sincère et complet, ce que je fais toujours, que tout de même certains hommes d'État tiennent à maintenir l'income-tax pour des raisons d'ordre général.

Eh bien, cet impôt sur le revenu, est-ce celui qu'on nous propose? Du tout! Ce qu'on nous propose c'est l'impôt, au singulier, et sur le singulier, sur chaque citoyen singulièrement pris.

Le projet Caillaux, dont il faut bien que je dise un mot, cependant, se présente bien, au premier abord, comme un projet d'impôt sur les revenus, puisqu'il y a des catégories : l'impôt foncier sur la propriété, l'impôt sur les maisons, l'impôt sur les professions; il a fait des classes, copiées dans une certaine mesure ou imitées de façon plus ou moins approchée du système anglais; mais, tout de suite après, au système de l'impôt par catégories et par objets, il s'est empressé de superposer l'impôt général, global et progressif sur le revenu, pour parler la langue barbare qui a pénétré dans le Parlement. (Rires.)

Mais, de cet impôt global sur le revenu, on n'en parle jamais; on y pense toujours et il est la grande pensée du système; il en est le secret, mais c'est un parent pauvre : on le montre le moins possible; on célèbre les avantages de la réforme sur certaines cédules, par exemple, en ce qui concerne les champs cultivés.

Eh bien! de même que tout à l'heure mon collègue et ami Lerolle vous montrait ce qui se cache de dangers pour tous les citoyens sous les apparences et sous les tristes réalités d'un projet discuté en ce moment à la Chambre, de même le projet en ce moment déposé devant la commission fiscale, et déjà discuté, ceux qui savent voir le fond des choses, les collectivistes, les socialistes révolutionnaires, ne s'y sont pas trompés. L'impôt sur le revenu sur les catégories, sur les revenus, ils en font bon marché. Ce qui leur importe, et ils ont raison, ce qui est la chose essentielle et ils l'ont dit, et parfaitement compris, c'est le second impôt, l'impôt général progressif sur le revenu, parce que celui-là, c'est le commencement de l'application du programme de Saint-Mandé, l'application du programme collectiviste la plus sûre, la plus efficace, la plus féconde, pour débuter, pour commencer la grande distribution des biens, qui sera précédée d'abord de l'appréhension parce qu'on ne distribue que ce qu'on a pris. (Applaudissements.)

Cependant, Messieurs, vous entendez dire également : Oh! pourquoi ne ferait-on pas en France ce qu'on fait partout ailleurs! Mais cet impôt, il existe dans tous les pays, en Angleterre — je viens de vous en parler — en Allemagne, aux États-Unis, en Suisse et dans bien d'autres pays encore! — Messieurs, rien n'est plus dangereux et plus faux que ces assimilations de pays à pays; il n'y a pas deux feuilles semblables dans une forêt, a-t-on dit avec raison; de même, il n'y a pas deux peuples à qui certaines institutions conviennent également.

L'impôt sur le revenu peut exister dans certains pays; mais c'est bien à tort qu'on invoque l'exemple de l'Allemagne ; l'empire allemand, si on connaît le sens des mots qu'on emploie, n'a pas l'impôt sur le revenu. Les États, ou certains de ses États qui constituent l'empire allemand et sont indépendants pour la fiscalité, ont parfaitement l'impôt sur le revenu, mais il faut examiner dans quelles conditions cet impôt fonctionne, pour voir s'il y a quelque assimilation possible.

L'exemple de la Prusse, toujours cité par les socialistes et les radicaux, ne saurait nous convaincre. L'impôt sur le revenu n'y est pas une nouveauté, une conquête de la Révolution, pas plus qu'il n'est une conquête de la démocratie et de la Révolution en France. C'est un très vieil impôt; il a existé dans un autre pays avant d'exister en Prusse; on le rencontre à Rome dans la constitution de Servius Tullius (Rires) et les rois de Prusse n'ont fait que reprendre cette même constitution pour aboutir à un système d'impôt en corrélation directe avec le régime électoral. En Prusse, en effet, l'impôt sur le revenu n'est pas un impôt d'empire; il n'est pas voté par le Reichstag, chambre élue au suffrage universel, mais par la Chambre prussienne, chambre élue au suffrage restreint, où l'impôt est la base du système électoral. On considère chaque circonscription de la Prusse; on y prend le total de l'impôt payé, l'impôt direct, celui dont on connaît le contribuable, l'impôt qui est le revenu des choses. On fait le total de ces impôts et on établit en face la liste des contribuables qui payent ce total. Puis on distingue un premier tiers de cet impôt. Supposez qu'il y ait trois millions d'impôts directs, dans une circonscription qui doit élire un député. On prend le premier million d'impôts et on écrit en face les noms des contribuables qui paient ce premier million ; il constitue une première catégorie d'électeurs. On prend ensuite le second million, et ce sont les contribuables qui paient ce second million qui constituent la seconde catégorie d'électeurs; ils sont naturellement un peu plus nombreux. On prend enfin le troisième million, qui forme la troisième catégorie bien plus nombreuse encore, et on y ajoute ceux qui ne paient aucune espèce d'impôts. Chacune de ces catégories d'électeurs a les mêmes droits.

Supposez que le premier tiers de l'impôt dans cette circonscription électorale soit payé par un seul contribuable : à lui seul il constitue le tiers de la majorité électorale ; supposez que la deuxième catégorie soit représentée par 10 électeurs, ils auront à eux tous les mêmes droits que la première catégorie et les 1.000 qui font la troisième catégorie, auxquels s'ajoutent les 10.000 qui ne paient rien du tout, constituent une catégorie ayant les mêmes droits que chacune des deux premières, mais pas davantage, de sorte que si le premier électeur qui est seul dans sa catégorie s'entend avec les contribuables qui sont 10 dans la seconde catégorie, quoiqu'ils soient l'infime minorité, ils auront cependant la majorité.

En d'autres termes, plus on paie, plus on vote, si bien que je pourrais vous citer telle circonscription où un certain contribuable dont le nom est connu dans le monde entier par les objets servant au pacifisme qui sortent de ses usines, constitue à lui seul les deux tiers du corps électoral : voilà le système prussien ; c'est grâce à ce système que l'impôt sur le revenu y fonctionne.

Lorsqu'on nous demande d'établir en France l'impôt sur le revenu, nous propose-t-on en même temps d'organiser le système électoral comme en Prusse? et de donner le droit de voter l'impôt à ceux qui le paient? Nullement! On fait des classes, on établit des catégories de victimes destinées à être traînées à l'autel du sacrifice, à porter tout le poids de l'impôt, on les livre d'avance et si elles trouvent la matière trop imposée, ceux qui sont plus impatients ou ont plus de franchise dans leurs projets, ne craignent pas de parler de les délivrer de cette matière pour les délivrer en même temps du souci. (Applaudissements.)

Par conséquent, il n'y a aucun rapport, aucune analogie entre le système de l'impôt sur le revenu tel qu'il est compris en France et tel qu'il fonctionne en Prusse et dans les autres pays.

On nous a parlé des États-Unis : ils ont eu deux fois l'expérience de l'impôt sur le revenu : la première au moment de la guerre de Sécession ; on avait exempté des revenus au-dessous d'un certain chiffre, 5.000 francs d'abord, 25.000 francs ensuite ; on essayait donc de faire porter l'impôt sur le revenu exclusivement sur ceux qui avaient les ressources les plus importantes. Le résultat fut ce qu'il devait être : le système ne put fonctionner. Par la force des choses, dans un pays qui est une démocratie, qui n'est pas une aristocratie comme la Prusse, où il y a corrélation entre les droits politiques et les charges des contribuables, il était impossible moralement, principalement pour des mœurs qu'il serait très intéressant de discerner, de placer sous vos yeux, — mais je ne le peux pas dans ce rapide exposé — il était impossible dans un pays de citoyens égaux, qu'un système d'impôts de ce genre fonctionnât normalement et pût durer. La preuve c'est qu'aux États-Unis cette première expérience, après un petit nombre d'années, échoua complètement: l'impôt ne rendait plus rien ; les citoyens étaient en révolte contre le percepteur ; on fut obligé d'abandonner le système.

On essaya une seconde fois, il y a douze ans, de rétablir le système de l'impôt global sur le revenu ; le contribuable fut individuellement saisi à la gorge par le percepteur qui lui dit : Fais ton compte, dis-moi ce que tu gagnes, ce que tu dépenses par an ; dresse ton bilan au bout de l'année, et je t'imposerai là-dessus.

La loi passa ; elle fut votée, non sans quelques résistances au Sénat ; un sénateur très remarquable, M. Hill, combattit l'impôt et développa des raisons d'ordre général, républicaines et démocratiques, qui devaient faire rejeter l'impôt sur le revenu. « Il est inadmissible, disait-il, que, dans un pays de citoyens égaux, les impôts frappent seulement un certain nombre de contribuables et ne les frappent pas tous. »

C'était précisément l'opinion d'un homme qu'on ne peut accuser d'être réactionnaire, de Robespierre, qui affirmait devant la Convention que tous lés citoyens devaient être soumis à l'honorable obligation de l'impôt. (*Rires et applaudissements.*)

M. Hill développa la même thèse; il fut battu et la loi passa.

Mais, aux États-Unis, il y a des juges et, quelque extraordinaire que cela puisse paraître aux républicains arriérés, on n'y fait pas de lois contre les juges surtout quand ils jugent bien. (*Applaudissements prolongés.*)

Les libres citoyens de la libre Amérique possèdent une institution remarquable qui s'appelle la Cour suprême, composée des hommes les plus considérés dans le pays tout entier, choisis avec un soin scrupuleux par le Sénat lui-même et garantissant la liberté de tous les citoyens en même temps que les droits publics. (*Applaudissements.*)

Les Américains ont pensé que si l'histoire nous a montré des rois qui se trompent, elle nous montrerait aussi, et plus encore, des peuples qui se trompent ou des représentants du peuple qui se trompent. (*Rires.*)

Et c'est pour cela qu'ils ont inscrit dans leur Constitution ce recours suprême qui permet à tout citoyen dans ses droits essentiels, ses droits de l'homme qui devraient être chez nous à la base de la République et qui en sont complètement bannis, d'en appeler contre une loi injuste parce que, aux États-Unis les législateurs ne sont pas des souverains et que le souverain, c'est la nation. (*Applaudissements.*)

Le projet de loi d'impôt sur le revenu, une fois voté, allait se heurter contre ce recours. En effet, un contribuable qui pensait comme M. Hill que la loi était injuste, parce qu'inégale, arbitraire, qu'elle décrétait, entraînait fatalement la spoliation, l'inquisition, les vexations de toutes sortes, porta la loi devant la Cour suprême et la Cour suprême décida que le citoyen avait raison et que la loi avait tort. Depuis, on n'a jamais plus entendu parler de cette loi! (*Applaudissements.*)

Avons-nous en France une Cour suprême. (*Rires, dénégations.*) Nous avons des délégués et c'est là le secret de l'opération. L'impôt sur le revenu sera appliqué, soit par des fonctionnaires, soit par des commissions légales composées comme sont composées toutes les commissions que nous voyons fonctionner sous nos yeux depuis un certain nombre d'années.

Je ne sais pas si dans le département de la Gironde vous êtes privilégiés; je vous le souhaite, mais je connais des communes où, malgré la volonté presque unanime des électeurs nommant le Conseil municipal suivant leur opinion, ces conseils municipaux sont tenus pour quantité négligeable et où les commissions chargées d'administrer les œuvres de solidarité sociale, les bureaux de bienfaisance, les commissions d'hospices, — alors même que les hôpitaux sont fondés par certaines familles de la commune, — ces commissions sont recrutées en dehors des conseils nommés par le suffrage universel, et composées exclusivement par des délégués, très souvent même étrangers à la commune.

Les commissions feront fonctionner l'impôt sur le revenu; c'est fatal, c'est nécessaire, c'est dans l'esprit du système, si bien que tous les contribuables seront livrés pieds et poings liés à ces commissions locales, à ces délégués, ou ce qui est la même chose, aux fonctionnaires administratifs chargés d'exécuter les hautes volontés du pouvoir exécutif lui-même et d'inaugurer un système d'inquisition comme on n'en a pas vu depuis le comité de Salut public et les comités de Jacobins qui faisaient dans notre pays la belle besogne que vous connaissez.

Mais on ne manque pas de nous dire que tous les projets d'impôt sur le revenu contiennent ce qu'on appelle le dégrèvement à la base.

Le dégrèvement à la base, ne croyez pas que ce soit par esprit de solidarité; laissez-moi le dire, je l'ai dit à la Chambre, je peux bien le dire ici, c'est par esprit de courtisanerie, car en République il y a des courtisans. (*Applaudissements.*)

Je ne sais pas s'ils ont des habits de velours, mais il y a des courtisans et une façon de faire sa cour au souverain, c'est de dire : nous allons exempter le plus grand nombre. Il y a en France 8 millions de contribuables, nous allons en exempter du coup 6 millions, 7 millions, il y en a qui sont allés jusqu'à 7 millions 500.000. C'est-à-dire que tous ceux qui n'auront pas plus de 1.200 francs ou 2.000, 3.000 francs par exemple, ne paieront pas d'impôts : vous voyez que le projet n'est pas bien ...méchant; il n'y a que les riches qui paient (*Rires*). Mais, attendez, pour ne pas payer d'impôts, il faut prouver qu'on n'a pas plus de 1.200 francs. Et alors dans le village, le délégué dira à son ami qui a 2.000 francs : « Toi, tu n'as pas 1.200 francs », et celui-là sera du bon côté. « Homme de bien passez à droite »; il passera à droite et il sera exempt. (*Rires.*) Mais son adversaire contre lequel il a une rancune, et qui n'a que 900 francs, à celui-là il dira : « Toi, tu as 2.000 francs », et il sera contribuable!

Ne croyez pas que j'invente rien. Mon ami Lerolle vous rappelait les paroles de M. Clemenceau, il y a quelque semaines devant la statue de Goblet où il rappelait les Macédoniens; j'avais moi-même rappelé un jour cette époque où Athènes a péri par ses excès qui ont appelé les Macédoniens; lisez Aristophane et vous qui connaissez le fond de la nature humaine, vous comprendrez cette phrase d'une de ses comédies : « Toi, je te ferai mettre sur la liste des riches, et tu seras ruiné. » (*Applaudissements et rires.*)

Un philosophe disait : « Si j'étais le plus honnête homme du monde, j'hésiterais à regarder au fond de moi. » Les meilleurs d'entre nous ne sont pas des anges, — ils le seront peut-être plus tard (*rires*) — partout il y a des passions humaines, et le législateur est assez imprudent pour donner un aliment aux passions humaines au lieu de le leur enlever, et le législateur est coupable qui prépare pour son pays les pires aventures. (*Applaudissements.*) Pouvez-vous imaginer un instrument de guerre civile plus redoutable, plus cruel, plus douloureux à supporter que le maniement de l'impôt par les commissions légales, les délégués qui n'hésiteront pas à imposer le mauvais électeur au delà de ses forces contributives!

Concevez-vous quel spectacle présenterait la France au bout de quelques mois d'un pareil régime? Voyez ce que deviendrait tel négociant, par exemple, qui peut se trouver dans une situation difficile, qui en sortira par son travail, son énergique persévérance, et qui va se trouver obligé de déclarer ce qu'il a, — car on exigera une déclaration et on la mettra demain dans la loi de façon directe ou indirecte. — On met ainsi la preuve à la charge du contribuable qui se prétend imposé au delà de ses forces, et pour prouver, on lui demandera ses livres, ses comptes, ce qu'il gagne, tous les éléments de sa vie commerciale : voilà un germe de discrédit et de ruine pour ceux qui ont besoin de crédit, qui ne peuvent pas livrer leurs affaires à la discussion publique. Pour ceux-là, une pareille loi est la pire des aventures, non seulement pour eux-mêmes, mais pour le pays tout entier. (*Applaudissements.*)

Ne soyons donc pas dupes des mots ni des choses; ce qu'on veut faire au fond, c'est la guerre aux riches ou mieux la guerre à ceux qui économisent, qui travaillent.

Je vous parlais des Grecs, mais les Romains eux aussi ont connu cette guerre; c'est la vieille fable des membres et de l'estomac; c'est Ménénius allant raconter la fable des membres et de l'estomac et disant à ses auditeurs : Vous êtes les membres, je suis l'estomac, vous fonctionnez et vous travaillez pour lui, mais lui vous nourrit, que deviendriez-vous, vous, bras et jambes, sans l'estomac!

Il y a solidarité dans la production des biens, dans leur circulation, et depuis que les hommes sont sortis des cavernes, l'expérience nous montre que le meilleur moyen pour eux de lutter contre la misère c'est la liberté de la propriété, c'est la sécurité de ceux qui possèdent, c'est le droit qui consacre le fruit des efforts et du travail de chacun. (*Applaudissements.*) La preuve c'est que là où il y a le plus de liberté, le plus de sécurité pour les citoyens, pour le fruit de leur travail, c'est là que diminue le plus la misère, c'est là que la société s'élève le plus. (*Applaudissements.*)

Et, au fur et à mesure que le travail fonctionne plus librement, le sort de tous s'améliore de plus en plus, et si nous ne connaissons pas le Paradis terrestre, — Lerolle vous l'a déjà dit — du moins pouvons-nous constater une amélioration générale qui s'élève pour le travailleur et pour la liberté.

Mais si vous imaginez un système d'impôts qui a pour but de créer la guerre des classes, de préparer la spoliation de la propriété, but avoué et proclamé par ses partisans les plus ardents, vous aboutissez à la ruine, politiquement, moralement, économiquement, à quelque point de vue que vous puissiez vous placer.

Et d'ailleurs qu'est-ce que c'est donc que ce système qu'on vous apporte comme une découverte de la démocratie, une conquête de la Révolution ? C'est un vieil impôt de l'ancien régime qui s'appelait la « taille » et qui n'était pas autre chose qu'un impôt global sur le revenu. Or, le premier soin de la Révolution a été de supprimer cet impôt pour établir l'égalité de tous les citoyens devant la loi et l'impôt. C'est cette égalité proclamée dans toutes les constitutions de la Révolution de 1789-1790, proclamée dans les Droits de l'Homme, qu'on veut détruire en remplaçant l'impôt qui fonctionne normalement par l'impôt arbitraire, et l'impôt sur les choses par un impôt soumis à des persécutions locales, des inquisitions, rendant impossible le travail normal pour chacun.

Messieurs, dans une pareille matière, il faut, je le répète, ne pas nous laisser égarer par les choses secondaires et qui ne doivent pas être considérées.

Il faut juger le système par les raisons déterminantes et ne pas se tromper sur l'objet. On comprend alors le but de cette campagne de presse faite actuellement dans les journaux officieux, on comprend pourquoi on s'efforce de tromper l'opinion publique en l'égarant sur des points particuliers qui n'ont rien à voir dans le problème.

Je ne veux parler que d'un seul de ces points, de l'impôt foncier sur les propriétés non bâties. On veut attirer au projet ce qu'on a appelé la grande armée des ruraux, et on fait briller devant leurs yeux, — vous l'avez encore lu ce matin dans la lettre publiée dans les journaux, — des dégrèvements dont la plupart d'entre eux pourront profiter.

D'abord, ces dégrèvements sont imaginaires. Je mets le ministre des Finances ou qui que ce soit, serait-ce Archimède lui-même s'il était de ce monde, au défi de me dire à l'heure où nous sommes, quelles seront les conséquences de ce système pour telle ou telle catégorie de contribuables fonciers, pour une raison très simple, c'est qu'il y a 8 millions de propriétaires fonciers, 15 millions de cotes, 112 millions de parcelles cadastrées, et que pour raisonner sur les modifications d'impôts qui résulteraient de tous ces éléments, ce n'est pas en huit jours qu'on peut faire un travail pareil.

J'avais dit au mois de juillet au ministre des Finances : Vous prétendez que votre projet est prêt, que vous avez fait les études nécessaires pour savoir où vous conduira votre système, et vous osez invoquer l'exemple de l'Alsace-Lorraine.

En Alsace-Lorraine on a procédé au système de remaniement de l'impôt direct, à l'établissement de l'impôt par cédule qui se rapproche de l'income-tax, mais on a mis huit ou neuf ans d'études sérieuses, attentives, préparées par l'administration elle-même, par l'administration la plus laborieuse que le Gouvernement ait à sa disposition, avant de proposer les solutions ; et le ministre des Finances de la République française sans avoir procédé à aucune de ces enquêtes apporte son projet et nous dit : « Je l'étudierai avec les vacances », de sorte que son parti est pris avant qu'il sache quels seront les résultats de son système.

Eh bien, quel est l'aveu contenu dans la lettre du ministre des Finances communiquée hier à la Commission ? Le voici : J'ai fait procéder aux sondages qui donneront tels résultats. Vous avez vu le dégrèvement, c'est de l'imagination pure, « mais il me faudra trois ans avant que le système puisse être parfait ».

Il est obligé de l'avouer ; je lui avais dit : Il vous faudra neuf ans ; il en avoue trois au bout de deux mois d'études ; encore deux autres mois, et il reconnaîtra qu'il lui faut, en effet, neuf ans. (Applaudissements, rires.)

Cette vue d'ensemble, cette sorte de dessin grossier que j'ai tracé au tableau noir le mieux possible n'a pu vous donner une idée précise, complète, du projet que la Chambre est appelée à discuter dans quelque temps. Mais le fait demeure qu'un système reposant nécessairement sur l'inquisition et sur la déclaration, même si cette déclaration n'est pas écrite dans la Loi, est inacceptable dans un pays où tous les citoyens doivent être égaux devant la loi, égaux devant l'impôt (Applaudissements) dans un pays où la paix entre les citoyens est plus que jamais nécessaire, car il constitue une formidable machine de guerre laissée à l'arbitraire du pouvoir.

Si des réformes sont désirables sur tel ou tel point de notre système de contribution directe, ce que j'ai déclaré souvent, si la contribution foncière sur la propriété non bâtie, en particulier, présente des inconvénients et appelle des réformes, ce que je ne nie pas, ce n'est point par un système nouveau dix fois pire qu'il faut le remplacer.

Diminuons l'impôt foncier, c'est possible, il y a des systèmes, des moyens d'améliorer cette organisation, on peut en trouver, on en a cité, on en citera d'autres. Mais il n'est pas de pire sophisme que de présenter un détail d'un projet comme celui de l'impôt sur le revenu en laissant de côté tous les autres, de faire le compte d'un chiffre énorme en prenant une décimale à droite de la virgule et en laissant de côté tous les gros chiffres qui sont à gauche, jusqu'aux millions et aux milliards.

C'est ce que font les partisans de l'impôt sur le revenu ; ils essaient de tromper l'opinion publique, surtout les cultivateurs ; il faut montrer à ces derniers qu'ils seraient les premières victimes de ce système, car à côté du remaniement de l'impôt foncier, il y a l'impôt proprement dit sur les revenus agricoles qui n'a rien de commun avec la terre qu'on peut mesurer et dont on peut, tant bien que mal, évaluer le revenu probable à un moment donné.

Eh bien, tous les cultivateurs seront soumis à ce régime d'inquisition absolument comme le négociant, les banquiers, ils y seront soumis pour les revenus agricoles.

Peut-être, comme je vous le disais tout à l'heure, ceux qui seront bons électeurs y échapperont-ils, mais, malheur au mauvais électeur. Et si jamais un gouvernement, dans les temps historiques légendaires avait imaginé un instrument de persécution, de domination, de tyrannie qui fût redoutable, il n'en est pas un qui fût plus redoutable que celui que le pouvoir exécutif se donnerait dans notre pays le jour où il aurait obtenu des Chambres le vote d'une pareille loi. (Applaudissements.)

Du reste, vous êtes fixés d'avance sur le résultat qui ne tardera pas à se produire.

La dernière fois que j'ai combattu le dernier projet, c'était en 1894, j'ai dit au Gouvernement : « Si je n'étais pas sincère en cherchant à défendre ici les intérêts économiques de la France tout entière, ses libertés essentielles, si j'étais un homme de parti, je ne combattrais pas l'impôt sur le revenu ; je vous laisserais, vous, majorité jacobine, le voter sans empêchement et sans obstacle et même, si je pouvais, je vous y aiderais, parce que celui qui aurait voté un pareil impôt ne tarderait pas à en être la première victime; mais, je ne cherche pas les revanches des choses contre les fautes des hommes. Il me parait préférable de corriger ces fautes, et c'est pourquoi tous les bons citoyens, tous ceux qui se prononcent pour la paix dans leur pays, pour l'ordre, le développement de la fortune économique en général, afin que de plus en plus on puisse venir en aide aux misères individuelles, tous ceux qui ont ce désir au cœur, et sont, comme vous, de bons citoyens, n'ont pas seulement à livrer des batailles civiques pour les grands principes d'ordre moral, pour les grandes libertés et les droits supérieurs que vous défendez avec tant de courage, mais ils doivent aussi livrer des batailles pour ce qui constitue la fortune d'une nation, ce qui constitue le bon ordre financier et économiques. » (Applaudissements).

Il n'est pas d'institution plus essentielle à cette vie, à cette santé d'un peuple, qu'un système d'impôt raisonnable et juste et il n'est pas d'institution plus dangereuse et plus funeste qu'un système d'impôt mal établi et destiné à répandre la haine et la discorde. (Applaudissements.)

Le projet actuel d'impôt sur le revenu est un des plus dangereux parmi tous ceux qui ont été apportés dans un pays comme le nôtre, qui est une société égalitaire de citoyens libres devant supporter chacun les mêmes charges devant l'Etat. Et c'est pour cela que je dis à tous les bons citoyens, à tous ceux qui s'efforcent de défendre la fortune de la France et la paix publique de lutter contre ces projets qui ne sont qu'œuvre de discorde et de destruction nationale. (Triple salve d'applaudissements.)

DISCOURS DE M. LE BARON AMÉDÉE REILLE

Après de chaleureux remerciements à M. Piou, M. Reille, parlant de l'ostracisme dont sont actuellement frappés les catholiques, demande pourquoi toutes ces haines.

Pourquoi ce déchaînement contre nous de fureurs administratives de toutes sortes ! pourquoi ces armes perfides tirées des profondeurs de l'arsenal législatif !

Sommes-nous donc des ennemis de la Patrie ? Nos croyances sont-elles un obstacle à ce loyalisme envers la France ? L'histoire du passé est là pour prouver le contraire et dans ce présent même chaque fois que le prestige national est en jeu. Quelque indignes que soient les mains entre lesquelles sont tombées les destinées de la France, nous savons faire taire notre légitime opposition et leur tendre la nôtre.

Au moment où cette folle équipée du Maroc nous mettait à deux doigts de la guerre avec l'Allemagne, quelles sont les voix qui ont forfait à la fois au patriotisme et à l'honneur ? Ce sont celles des cinquante-deux unifiés qui ont été pendant plusieurs années l'appoint nécessaire de la majorité gouvernementale ; ces cinquante-deux unifiés sans lesquels le ministère Combes serait mort avant d'avoir vécu ! ces cinquante-deux unifiés pour lesquels on a jeté sur toutes les routes de l'exil ces moines et ces sœurs que nous avons défendus en vain, et dont les dépouilles promises au socialisme affamé n'ont enrichi que les liquidateurs. (Applaudissements.)

C'est pour ces cinquante-deux unifiés aussi qu'on a bouleversé l'armée et détruit la marine. C'est pour leur complaire qu'on a ébranlé sur ses bases tout l'édifice de la défense nationale. Nous, nous dénonçions ces périls. Nos orateurs clouaient au pilori de l'histoire les André et les Pelletan, on nous répondait alors que le parti pris politique nous aveuglait, que nos accusations étaient marquées au coin de la passion, que la marine et la guerre étaient en bonnes mains. Aujourd'hui, ce ton change, si vous suivez le débat parlementaire, vous voyez un des membres du bloc, le capitaine Humbert, se lever et accuser à son tour.

Que fait le ministre? Il répond : Vous vous trompez, tout va aujourd'hui pour le mieux ; votre montre retarde. Du temps du général André vos critiques eussent été légitimes, mais aujourd'hui ! Aujourd'hui, nous avons dépensé 200 millions (quelques-uns même ont été gaspillés inutilement), pour parer au plus pressé.

Si nous ne sommes pas des ennemis de la Patrie, quels crimes avons-nous commis? Sommes-nous des conspirateurs, des ennemis du régime? Notre loyalisme constitutionnel n'a-t-il pas été jusqu'à inspirer des inquiétudes, aux gardiens fidèles de l'assiette au beurre! Non, Messieurs, notre crime est autre.

Nous sommes chrétiens, nous sommes les représentants de cet idéal dont notre Président vous rappelait l'autre jour la grandeur et la gloire à travers les siècles! (*Applaudissements.*)

La voilà la tare! nous sommes des catholiques! Ce titre nous confère dans ce pays le droit d'être traités comme des parias, d'être dépouillés de nos libertés! car nous sommes libres relativement d'aller, de venir, de parler, d'écrire, assurément! Ni Combes, ni Clemenceau n'ont encore rétabli formellement la lettre de cachet, et pour ceux qui ont une certaine fortune personnelle il est encore possible de vivre avec indépendance; mais le pauvre, où est sa liberté?

S'il a le malheur de dépendre en quoi que ce soit de l'Etat, son cas est bien mauvais; s'il a quelque chose à obtenir du Gouvernement, quelque chose qui ne soit pas une faveur, mais simplement un droit, je le plains et je me demande où est sa liberté? (*Applaudissements.*)

Où est le fonctionnaire qui peut aller à l'église la tête haute; s'il y va seul, son crime n'est pas pardonnable! s'il y va avec sa femme il y a des circonstances atténuantes. (*Rires.*) Il est l'objet de toutes les tracasseries et de toutes les persécutions, et le simple contribuable, le citoyen qui pratique tranquillement la religion de ses ancêtres, sans croire mal faire, ah! celui-là, si quelque jour le pain vient à manquer au foyer, si la femme et les petits sont souffrants, et qu'il ait besoin d'un sursis pour une période de 28 jours, tant pis pour lui, il ne l'aura pas, c'est là le coin du bois où l'attend le délégué avec en mains l'escopette de la délation! il n'y a pas de justice pour ceux qui croient et ont le courage de pratiquer. (*Applaudissements.*)

Oh! Messieurs, quelques perfides que soient les manœuvres dont souffrent nos amis il ne faut pas désespérer.

Nous sommes morts, dit-on; soit, nous ressusciterons! l'histoire nous offre le spectacle de bien d'autres épreuves. Aujourd'hui c'est l'arbre tout entier du Christianisme qui est secoué par la tempête, la Franc-Maçonnerie avait déjà marqué, depuis longtemps, toutes les branches qu'il fallait élaguer, une à une elles sont tombées jonchant le sol de douloureux débris; on s'attaque au tronc, mais il résiste encore, dénudé il brave l'orage, ses racines plongent jusqu'au cœur même de notre terre et quelque jour l'éternelle sève qui monte couronnera sa tête de la frondaison superbe à l'ombre de laquelle la France a connu la paix de ses longs siècles de gloire. (*Applaudissements.*)

Messieurs, on nous dit aussi : mais comment voulez-vous que le peuple aille à vous? Vous n'avez aucune espèce de programme, vous n'avez pas de doctrine?

Comment! si nous disons que, pour les grandes lignes de notre programme nous avons par exemple les formules suivantes : que nous voulons, par une sage décentralisation, décongestionner cet organisme qui est sur le point de mourir, parce qu'il est envahi par la pléthore du fonctionarisme; si nous disons que nous voulons assurer la séparation des pouvoirs, que nous voulons que le Pouvoir exécutif ait plus d'indépendance et le Pouvoir législatif moins d'autorité, que nous voulons encore assurer l'équilibre économique et administratif de ce pays, en réformant le suffrage universel, en votant, par exemple, le scrutin de liste et la représentation proportionnelle..., mais, est-ce que ce ne sont pas là les grandes lignes d'un programme?

Et si nous disons que tous ces dégrèvements dont M. Jules Roche vous parlait avec sa haute compétence financière, que tous ces dégrèvements on peut les obtenir par une sage économie financière, sans pratiquer les coupables errements qui consistent à manger son blé en herbe, à escompter les plus-values des ressources nouvelles avant même qu'elles se soient produites?

Et si nous vous disons que toutes les questions de réformes sociales qui sont aujourd'hui posées devant l'opinion publique et auxquelles nul n'a le droit de se soustraire, ou que nous voulons les résoudre par un large appel à l'initiative privée, par le développement de la mutualité, si nous vous disons tout cela, est-ce que nous n'avons pas jeté les bases d'un programme? (Applaudissements.)

Ajoutons encore que nous sommes les ennemis résolus de cet étatisme qui sévit de nos jours, cet étatisme épuisant qui paralyse l'industrie et le commerce par la réglementation à outrance, et qui nous mène tout droit à une législation surprenante par sa simplicité dont la formule sera Assistance obligatoire à tous les Français, à un impôt progressif et global sur l'indigence. (Rires et applaudissements.)

Est-ce qu'en disant cela, nous n'aurons pas jeté les bases d'un programme? Qu'il puisse y avoir des divergences de détail entre nous, c'est possible! — Est-ce que dans le camp de nos adversaires il n'y en a pas? Voyez l'impôt sur le revenu! mais s'il était le Credo du parti radical chaque projet déposé aurait provoqué un schisme important! est-ce que nous n'avons pas le droit d'avoir des divergences tout en étant d'accord sur les grandes lignes? Assurément si, personne ne nous le contestera!

Nous avons confiance dans l'avenir; un jour ou l'autre, le peuple sera désabusé. Et ce ne sont pas les radicaux auxquels il fera confiance, ces radicaux, millionnaires honteux, qui n'ont qu'un culte : celui de l'assiette au beurre, et qui, lorsqu'ils partent de Paris, montent en première classe, mais ont le soin d'affronter en troisième la limite de leur circonscription; ces radicaux, millionnaires honteux, qui, pour garder le pouvoir, font de la surenchère, lancent dans le public des grands mots souvent vides de sens, de sens pratique en tous cas, mais qui sont comme autant d'étincelles imprudemment jetées sur l'inflammable naïveté des foules et risquent de déchaîner de formidables explosions! (Applaudissements.)

Ce ne sont pas non plus les socialistes. Eux, dans un chambardement général, ils n'ont pas grand'chose à perdre et peut-être quinze mille francs à garder! (Rires et applaudissements.) Et alors vous les voyez attentifs à guetter tous les spasmes des convulsions sociales; ils sont là, à l'affût des malentendus qui se produisent journellement entre le Capital et le Travail; est-ce pour les apaiser, est-ce pour les calmer? Non! le jour où l'ouvrier à la suite d'un de ces malentendus a l'âme ulcérée, le socialiste est là pour aviver les blessures, exciter une grève, donner corps à un conflit embryonnaire, il vit de ce qui tue les autres, et sa popularité malsaine a besoin, pour germer de l'atmosphère surchauffée des passions populaires. (Applaudissements.)

Un jour viendra où le peuple en aura assez de ceux qui le trompent. Il reviendra à nous. Si, avoir un programme, c'est tout promettre pour ne rien réaliser, ce programme-là ce n'est pas le nôtre. Nous entendons promettre peu afin de pouvoir un jour tenir beaucoup. (Applaudissements.)

Pourquoi désespérer?

Dans quelques jours, après ce congrès, vous vous trouverez dispersés aux quatre coins de la France; dans quelques jours vous aurez à tenter une nouvelle lutte pour les élections municipales. Ah ! c'est là qu'on reconnaîtra les courageux et les braves; vous serez en butte à toutes ces persécutions mesquines dont M. Jules Roche vous faisait tout à l'heure un si saisissant tableau; là, rentrés chez vous, isolés au milieu de la lutte, aux prises avec les défaillances locales, les misérables questions de clocher, vous vous trouverez isolés; rappelez-vous alors la journée d'aujourd'hui, où nous nous sommes trouvés groupés quelques heures, assez de temps pour retremper nos courages et prendre le mot d'ordre de nos chefs.

À la bataille de Trafalgar au moment où l'amiral Nelson, après avoir pendant des mois entraîné ses équipages sur toutes les mers du monde, après avoir fait pénétrer dans l'âme de ses marins les sentiments du patriotisme le plus pur et la discipline la plus sévère, l'amiral Nelson, au moment où les fumées de la bataille allaient masquer ses signaux, hissa en tête de son mât ce dernier et suprême signal : « L'Angleterre compte que chacun fera son devoir. »

Demain, délégués de l'*A. L. P.*, lorsque vous serez isolés dans vos communes, perdus dans la mêlée loin de vos chefs, tournez un regard vers le dernier signal que nous hissons aujourd'hui : l'*A. L. P.* compte que chacun fera son devoir ! (*Vifs applaudissements.*)

M. Reille termine son éloquent discours par un émouvant et pressant appel au devoir accompli. M. Reille, dont la juvénile éloquence a tant de charme et d'action, est longuement applaudi.

M. Piou remercie les orateurs et l'assistance, et trouve encore de belles et fortes paroles pour flétrir les sectaires et les internationalistes.

Quand un pays comme la France est aux mains d'un tel parti, dit-il, il n'y a qu'un devoir à remplir : en délivrer la nation !

— « Je ne leur en veux pas, disait Jeanne d'Arc, parlant des Anglais! Je « veux seulement qu'ils s'en aillent ! »

Et nous aussi, nous dirons de la secte franc maçonne et jacobine : « Nous ne lui en voulons pas — si nous avons pour une telle mansuétude assez de vertu ! — mais nous voulons qu'elle s'en aille !... »

Il faut donc préparer les batailles à venir.

N'attendons pas la dernière heure pour entrer en ligne. Le président Roosevelt disait : « La force d'une armée en temps de guerre dépend de son organisation en temps de paix. »

Je vous en conjure : organisez-vous en temps de paix ; organisez la France tout entière ; préparez-la à rendre l'arrêt que méritent ceux qui courbent son front sous un joug détestable.

Ces paroles, qui constituent pour ainsi dire l'ordre du jour final du Congrès, sont applaudies avec une insistance significative, et lorsque le Président général se lève pour prononcer la clôture des travaux et des réunions du Congrès, il est acclamé avec enthousiasme.

ANNEXES

Au cours du Congrès de l'*A. L. P.* dont nous parlons plus haut, M. Jules Roche, dans un banquet qui lui fut offert par nos amis de Bordeaux, prononça l'allocution suivante qui formule, en termes précis, le devoir actuel de tous les honnêtes gens.

Nous livrons ce discours aux méditations de nos amis qui y trouveront les encouragements nécessaires à continuer une politique d'union large et féconde. Nous en conseillons aussi la lecture à tous ceux qui, devant les dangers de l'heure présente, ne savent pas faire taire les divisions, les rancunes personnelles et persistent dans une attitude d'aveuglement funeste à leur cause et à la France.

DISCOURS DE M. JULES ROCHE

Messieurs,

Je ne saurais accepter sans protestation les paroles trop élogieuses que votre vaillant président, mon collègue et ami M. Piou, vient de m'adresser avec tant de bienveillante cordialité. En me rendant parmi vous à sa demande, pour montrer les périls, les funestes conséquences du projet d'impôt sur le revenu soutenu par le gouvernement, par les socialistes et par la majorité parlementaire dont ils sont les maîtres et les inspirateurs, je n'ai fait qu'accomplir le devoir de tout bon citoyen appelé par d'autres bons citoyens pour contribuer à une œuvre commune de défense nationale. Il n'y a pas, en effet, de défense nationale seulement sur les champs de bataille, parmi le tumulte des armes. Combattre des projets de lois ruineux pour le pays; désorganisateurs de ses forces; attentatoires aux libertés publiques les plus nécessaires; violateurs des droits privés les plus intangibles, c'est aussi défendre la nation, puisque c'est défendre les principes mêmes de sa vie.

Les hommes qui, depuis dix ans, dominent, oppriment la France, viennent d'origines politiques et sociales bien diverses; ils professent, au moins en paroles, des doctrines profondément contraires, non pas sur des détails, sur des nuances, mais sur des questions primordiales : cependant ils n'ont pas hésité à s'unir étroitement pour conquérir et pour exploiter le pouvoir, pour réduire en servitude tous les Français dont l'audace va jusqu'à vouloir être libres sous la République! Ils ont eux-mêmes érigé leur coalition, leur « bloc », en dogme de leur stratégie électorale, parlementaire, politique, administrative. Et dans cette épreuve suprême, les Français menacés, atteints, frappés, subjugués par cette invasion de conquérants de l'intérieur, seraient incapables de s'entendre pour leur indépendance et pour leur salut, et préféreraient périr victimes du bas esprit de sottes coteries plus encore que de la force de leurs ennemis? Je ne peux y croire! Je ne comprendrais pas cette politique, pour mieux dire : cet aveuglement!

En tout cas, dans mon département, dans mon cher et beau Vivarais, nous avons pensé que l'accessoire ne doit pas l'emporter sur l'essentiel; et nous avons agi en conséquence, ouvertement, simplement, en braves gens résolus à défendre leurs droits et leurs libertés. Aussi, malgré les conditions les plus défavorables, nous n'avons cessé d'étendre nos rangs et de fortifier nos positions.

C'est ainsi d'ailleurs que comprirent toujours la politique les esprits les plus éminents, les plus courageux, les plus convaincus. Je me rappelle les spectacles que je vis dans ma trop lointaine jeunesse, aux élections de 1863, de 1869, lorsque tous les partisans des réformes libérales s'unissaient pour les obtenir, écartant toute considération secondaire, pour ne s'occuper que du but à atteindre. A Marseille, par exemple, c'étaient, en deux circonscriptions voisines, Berryer d'un côté, Marie de l'autre, Marie le vieux républicain de l'Assemblée de 1848, qui se recommandaient l'un l'autre aux électeurs de l'autre, contre la candidature officielle, et qui assuraient ainsi leur triomphe aux acclamations de la grande cité provençale enthousiasmée!

Et aujourd'hui, quand un joug si brutal et si lourd pèse sur nous tous, vieux ou jeunes républicains, d'avant-hier, d'hier ou d'aujourd'hui; libéraux sincères, citoyens loyaux uniquement soucieux du salut de leur patrie, quand de si redoutables désastres se préparent, dans l'anarchie générale, et risquent de fondre brusquement sur notre pays, nous hésiterions à combattre les uns à côté des autres, contre les mêmes dangers, pour les mêmes droits, pour les mêmes libertés, pour le même salut national?

Il serait permis, légitime, glorieux que l'armée assiégeante, qui veut détruire la ville et réduire en servitude sa population, fût composée de troupes de toute provenance, et il serait coupable que les assiégés fissent concorder leurs efforts pour repousser plus sûrement les bandes assaillantes?

Quelle est cette logique? Qui oserait conseiller à ceux qu'on attaque et qui veulent se défendre une conduite infaillible pour assurer leur défaite, sinon leurs ennemis, désireux d'une plus facile victoire?

Aussi je me bats contre le pouvoir absolu, démagogique et révolutionnaire d'aujourd'hui comme les républicains de ma génération se battaient contre le pouvoir absolu dans les dix dernières années de l'Empire. Et c'est, comme c'était, la seule méthode utile et raisonnable!

D'ailleurs, j'aime trop la liberté, depuis trop longtemps, pour jamais l'interpréter à la façon de Denys de Syracuse. Certes, il voulait la liberté; mais pour lui tout seul! C'est ainsi qu'il est resté l'image du pire tyran! Quand on aime vraiment la liberté, il faut la vouloir pour les autres, au même degré, aussi sincèrement que pour soi. En ce moment de notre histoire, le droit naturel, les libertés essentielles de tout homme civilisé, les conditions nécessaires d'existence de la France sont plus menacés d'heure en heure; les citoyens résolus à défendre ces causes sacrées n'ont pas à chercher de quel point de l'horizon ils accourent, mais quel péril ils veulent conjurer et quelle œuvre de salut public à accomplir.

Voilà tout simplement, Messieurs, pourquoi j'ai répondu de grand cœur à votre demande, certain que je ne saurais mieux servir la République, la vraie République; non pas celle qui, oublieuse de sa raison d'être, infidèle à sa loi supérieure, se fait l'instrument de la révolution sociale et de la ruine de la patrie, mais celle qui veut et doit être l'organisation la plus sûre du droit, de la justice, du progrès par la liberté, en un mot le gouvernement de la France par la France et pour la France!

TROISIÈME JOURNÉE

Dimanche 10 Novembre 1907.

BANQUET

AU PALAIS DE FLORE.

Le quatrième Congrès national de l'A. L. P. a clôturé ses travaux par un grand banquet populaire qui a eu lieu à midi dans le hall immense du Palais de Flore, et auquel assistaient 1.200 convives.

Le banquet du 10 novembre a donné aux laborieuses, brillantes et fécondes journées du quatrième Congrès national de l'A. L. P. un épilogue, à tous les points de vue digne d'elles. Ce fut la fête de la confiance et de l'union; ce fut aussi celle de l'éloquence.

Midi vient de sonner quand, aux accents de la *Marseillaise*, brillamment exécutée par l'harmonie Saint-Ferdinand, sous la direction impeccable de M. Meilhan, son chef, M. Jacques Piou, accompagné des organisateurs et des protagonistes du Congrès de Bordeaux, fait son entrée dans la vaste salle du Palais de Flore pavoisée aux couleurs nationales et décorée d'écussons aux initiales de la République Française.

Douze cents convives environ sont réunis. Dans les galeries du pourtour ont pris déjà ou prendront place, au cours du banquet, de nombreuses dames désireuses d'entendre et d'applaudir les orateurs annoncés.

En s'asseyant à la table d'honneur, le Président général de l'A. L. P. est l'objet d'une manifestation chaleureuse de sympathie et de respect. Il a à sa droite M. P. Glotin, le très aimable, très zélé, et très distingué président du Comité régional de Bordeaux et du Sud-Ouest; à sa gauche, M. le comte Albert de Mun, député du Finistère et membre de l'Académie Française, le grand orateur chrétien, le vaillant défenseur des libertés religieuses et du droit des travailleurs, dont la présence, impatiemment attendue, est saluée avec émotion par l'assistance toute entière et sur qui sont fixés tous les regards.

Parmi les personnalités qui entourent le siège présidentiel : MM. Adigard, André Ballande, de Gailhard-Bancel, Guyot de Villeneuve, Léon Guichenné, Lerolle, marquis de l'Estourbeillon, Edmond Leblanc, Amédée et Xavier Reille, Ollivier, députés; Ducurtyl, X. de Villèle, membres du Comité directeur; Fruchier et Delbreil, anciens sénateurs.

MM. A. de Beaumont, secrétaire général du Comité régional de Bordeaux et du Sud-Ouest, membre du Comité directeur; Colonel Jacob de Marre, Maurice Blanchy, Edmond Soula, Fonade, de Blégier de Pierregrosse, Tonnellier, Métivier, du Comité de Bordeaux; Commandant Durand-Daubin; Clermont, conseiller municipal de Bordeaux; docteur Brugère; Chaigné, délégué du Comité régional; Soulagnet;

MM. Brière, président du Comité de Saint-André-de-Cubzac; docteur Abaut, conseiller municipal de Langoiran; Garnier; Cassadou, conseiller municipal de Saint-Loubès; Grandidier; baron Clouet; Audouin; Marcel Vayssière, conseiller général de la Gironde; Issartier, de Monségur; Sarramia de Père (Lot-et-Garonne); Commandant Daras (Angoulême); Marchand, maire révoqué de Montendre; de Brocq (Agen); Drouilhet de Sigalas (Marmande); de Catheu (Charente); Léridon (Charente-Inférieure); Marquis de Beaumont (Dordogne); Eyraud, Beylot, Couthures, Raffin, de Paloméra (Cognac);

MM. de Grandmaison (le Havre); Régi et Pendariès, président et secrétaire du Comité de Carcassonne; Colonel Gasselin (le Mans); J. de Varinay (Saint-Maixent); Vicomte de Wall (VIIIᵉ arrondissement de Paris); Dutheil de la Rochère (Toulon); P. Jouvin (Grenoble); Colonel Fournier, président du Comité régional de Marseille; Malou (Vesoul); etc., etc.

Le menu fort bien servi fait honneur à la maison Rochat et est dégusté au milieu des conversations joyeuses, dans cette atmosphère d'entrain et de cordialité qui caractérise les réunions des adhérents et des amis de l'A. L. P.

A l'heure du champagne, le silence s'établit, quand M. Jacques Piou se lève et, en quelques mots affables, donne la parole à M. PAUL GLOTIN, président du Comité régional de Bordeaux et du Sud-Ouest, qui, tout d'abord, communique à l'assemblée divers télégrammes de félicitations ou d'excuses, au nombre desquels nous pouvons citer ceux du Comité de Bellegarde; de M. Daniel Binaud, membre du Comité de Bordeaux, retenu par un deuil de famille; de MM. Daboncourt, au nom de la Fédération de la Jeunesse Libérale de Paris; Bazelet, du Comité du XIVᵉ arrondissement; Dugrip, du Comité de Cette; Sournies, du Comité de Béziers; Piazza, du Comité de Marseille, etc., etc.

DISCOURS DE M. PAUL GLOTIN

Le président du Comité régional débute par des remerciements à l'adresse de ses collaborateurs dans l'organisation du Congrès et de tous ceux qui ont contribué au grand succès de cette manifestation. C'est avec joie qu'il a vu, de tous les points de la France, les Comités de l'A. L. P. répondre à l'appel qui leur était adressé. Quant aux amis de Bordeaux, ils ont montré, une fois de plus, par l'empressement dont ils ont fait preuve, leur attachement aux idées de liberté et de progrès en même temps que leur passion pour l'art de bien dire.

Que sont-ils venus chercher? Des armes pour la défense politique et sociale. Tous emporteront de ces réunions le ferme propos de travailler efficacement au triomphe de la bonne cause par le groupement des bonnes volontés, réalisant ainsi la « grande pensée de notre respecté Président, « dont toute la vie est, depuis longtemps, consacrée à répandre cette vérité « dans notre cher pays ».

M. Glotin remercie également les membres du Parlement « qui ont bien voulu nous consacrer quelques moments de leur temps si précieux ». Il fait l'éloge de ces défenseurs du droit et de la justice. Il rappelle les brillants et utiles discours de la salle Franklin et de l'Alhambra, et caractérise avec infiniment de tact le talent des différents orateurs. Il se félicite, enfin, de la présence de M. Ballande, député de la deuxième circonscription de Bordeaux, qui « n'a pas craint de se compromettre, comme bien d'autres » oublieux de tout ce qu'ils doivent à l'appui des libéraux. « M. Ballande, dit en terminant « l'orateur, est venu loyalement au milieu de nous, voulant s'associer à cette « grande manifestation d'un parti qui, sans être le sien, combat cependant « le même combat contre l'odieuse tyrannie des sectaires de la majorité. Je « l'en remercie du fond du cœur et je sais que vous vous associerez à l'hom- « mage que je suis heureux de lui rendre publiquement ici, en saluant le « champion des idées libérales à Bordeaux et dans la Gironde ».

« Messieurs,

« Je bois à l'*A. L. P.*, à son succès de plus en plus affirmé !
« A son Président, M. Jacques Piou !
« Aux sénateurs et députés qui l'entourent, en particulier au député de
« Bordeaux, Ballande !
« Et je termine par ce cri :
« Vive la France ! Vive la Liberté ! »

L'allocution du dévoué président, auquel est dû le succès de ce congrès, est saluée par d'unanimes applaudissements.

M. Piou se lève et l'enthousiasme éclate, une longue ovation le salue; l'éminent Président général prononce le discours suivant :

DISCOURS DE M. PIOU

Après trois journées d'études fécondes, notre Congrès s'achève dans un élan de fraternité joyeuse, qui en rendra le souvenir ineffaçable.

On vous disait las, découragés de la lutte; et vous êtes accourus de tous les coins de la France attester votre foi dans notre cause et votre fidélité au drapeau.

Vous repartirez ce soir avec des résolutions fortifiées et des espérances raffermies.

Le présent est triste et l'avenir est sombre; mais vous formez une phalange vaillante et l'Association est une arme bien trempée, qui peut servir à autre chose qu'à la défensive.

A voir les ruines amoncelées, l'arbitraire triomphant, l'iniquité impunie, on se surprend parfois à douter de l'immanente justice.

Et pourtant elle s'exerce sous nos yeux. N'est-ce pas son œuvre, l'impuissance où se débat un parti maître absolu du pouvoir?

Il peut tout et ne fait rien. Il a tout promis et ne tient rien. Chaque fois qu'il fait un mouvement en avant, une force invincible l'arrête et le cloue sur place. Ce n'est pas encore la mort; c'est déjà presque l'impossibilité de vivre.

Le gouvernement n'a plus d'adversaires puissants, à peine des rivaux cachés et presque honteux; et il s'agite dans le vide. On ne l'attaque pas et il est toujours effaré, voit des fantômes partout, rêve de conspirations, de menées séparatistes, de séditions militaires.

Le radicalisme après la victoire.

Quel spectacle suggestif, celui de ce radicalisme d'extrême-gauche, travaillant trente ans à conquérir le pouvoir, renversant tout ce qui lui barre la route, et, le jour où il est victorieux, ne sachant plus que faire de sa victoire, réduit à rééditer stérilement de vieux programmes, à ajourner tous les jours les mêmes réformes, à finir de guerre lasse par s'avouer à lui-même qu'il est en pleine incohérence!

Regardez-le, ce novateur, cet audacieux parti d'avant-garde, condamné à glaner quelques menus grains dans ce champ de l'anticléricalisme où ses devanciers ont fait de si riches moissons.

Comme ils ont dépouillé les vivants, lui doit se contenter de dépouiller les morts. Comme ils ont dépecé la loi Falloux, lui n'a plus qu'à en déchiqueter un dernier lambeau. Comme ils ont chassé les prêtres de partout, il va se donner le ridicule et l'odieux de leur interdire l'enseignement de la religion dans les séminaires.

Reste le Maroc, et la pénétration pacifique. Que ferait-il s'il était libre, maintenant qu'il est pris d'un accès de néo-nationalisme? On ne sait; mais

8

il a dû tracer devant ses troupes une limite infranchissable, au delà de laquelle il n'y a plus que des arrêts de rigueur pour les officiers trop zélés.

Il ne fait, dit-il, ni expéditions, ni conquêtes; pourtant il a six mille hommes qui font force marches et contre-marches et dix vaisseaux qui, à l'occasion, bombardent copieusement. Il tue sans façon les soldats du sultan, occupe et brûle ses villes, mais en même temps lui envoie ses ambassadeurs et ses plus brillantes décorations et l'aide à mettre des bijoux au Mont-de-Piété.

Ni avancer ni reculer, ajourner et attendre, c'est tout comme en France. Au Maroc comme à Paris on en est à la politique du petit bonheur.

La pratique de la fraternité.

Comment finira-t-elle et là-bas et ici? Tristement je le crains fort.

Pour nous, qui ne pouvons rien empêcher, nous sommes contraints d'assister à l'expérience jusqu'au dénouement, à laisser la logique faire son œuvre et les événements aboutir à leur dénouement fatal.

Nous pouvons du moins nous tenir prêts à tout, porter nos efforts dans le pays et ramener à nous l'opinion si souvent trompée.

La parole, la presse, l'exemple sont de sûrs moyens d'apostolat; mais le plus nécessaire et le plus fécond, c'est la pratique de la fraternité, telle qu'elle nous a été enseignée de haut.

Un athée de marque disait jadis, — et ce jour-là il avait raison, — « Si tous les chrétiens faisaient leur devoir, la question sociale serait résolue. »

Si tous ne font pas leur devoir, faisons au moins le nôtre. Nous ne résoudrons pas à nous seuls la question sociale; mais si nous avons réussi à adoucir quelques souffrances imméritées, à porter un peu de bien-être à quelques foyers déshérités, à pacifier quelques esprits par la justice, quelques cœurs par la bonté, nous serons quittes envers notre conscience et aurons bien servi notre pays.

Que nos Comités se mettent à l'œuvre, qu'ils multiplient les institutions sociales, qui rapprochent les hommes et améliorent leur sort.

Les programmes sont faits, les questions étudiées, les projets préparés. A l'œuvre! Messieurs; des actes et encore des actes.

Une œuvre populaire, bien conçue et bien conduite, vaut une élection victorieuse; et les larmes d'un malheureux réconcilié par nous avec l'espérance, sont encore plus efficaces que les votes corrects d'un député ami.

Nos divisions font nos défaites.

Après ce devoir, il en est un autre aussi impérieux: c'est de tout tenter, de tout sacrifier, de tout subir pour rétablir l'accord dans nos rangs. Unis nous pouvons tout; séparés, nous ne pouvons rien.

Depuis trente ans, nos divisions font nos défaites; depuis trente ans nous portons le poids mortel du grand anathème: « Toute maison divisée périra. » L'entente est le salut, mais l'entente pour gouverner légalement, et non pas seulement l'entente pour renverser!

Quand nous ne voudrons tous que ce qui est possible, c'en sera fait du règne des « Jacobins dégénérés », des francs-maçons délateurs, de tous les professionnels d'impiété, fanatiques ou charlatans.

Et ce jour-là, quel soupir de soulagement, d'un bout de la France à l'autre! Quel tressaillement d'espérance, quelle joie à la nouvelle de la délivrance assurée!

De cette délivrance, ne désespérez jamais!

Sur le socle de la statue qu'une reconnaissance tardive a élevée au dernier héros de l'indépendance gauloise sont gravées les paroles qu'il adressa à ses

— 115 —

troupes, au moment du suprême combat : « La Gaule unie, formant une seule nation animée du même esprit, peut défier l'univers. »

L'appel ne fut pas entendu ; vous savez ce qu'il advint.

Le rêve de Vercingétorix, le christianisme l'a réalisé. Artisan inlassable de l'unité nationale, il a peu à peu, pièce à pièce, par un invisible mais incessant travail, agrégé, construit la patrie française. Notre nationalité est son œuvre ; il a façonné l'âme française, et l'a faite si noble et si forte que ni les siècles, ni les révolutions, ni la prospérité, ni l'infortune n'en ont altéré la beauté.

Telle elle est sortie du baptistère de Reims, telle elle est toujours, éprise d'idéal divin, imprégnée des vertus que le sermon sur la montagne a enseignées aux hommes.

La Révolution a tenté de lui arracher ses vieilles croyances. Elle s'y est brisée.

Notre génération assiste depuis des années à un semblable attentat. Hypocrisie, violence, séduction, arbitraire, tout a été mis en œuvre ; les lois, l'autorité, le budget ont servi d'armes de guerre.

Quel est le fruit de cet immense effort ? Le parti, ou plutôt la secte que nos divisions ont élevée et maintiennent au pouvoir, a obtenu le concours de quelques convaincus et de beaucoup d'arrivistes, l'obéissance silencieuse mais impatiente de 600.000 ou 700.000 fonctionnaires, la soumission plus apparente que réelle de cette partie moutonnière de la nation qui va toujours chercher l'ombre de la houlette gouvernementale.

Mais elle a en face d'elle une opposition résolue, inlassable, irréductible, dont les soldats se comptent par millions, et qui a si souvent effleuré la victoire que, pour la lui arracher, il a fallu un système inouï de corruption, de fraude, et l'embauchage électoral.

Si les élections étaient loyales et libres, les sectaires seraient emportés par un formidable coup de mer, et ils le savent bien. D'où vient cette force invincible dans une opposition travaillée par tant de dissentiments ? de la révolte du plus français, du plus patriotique des sentiments, le sentiment chrétien. Cette révolte, elle est réfléchie et voulue chez les uns, chez une foule d'autres, instinctive et atavique. Si elle est invincible, c'est qu'elle s'impose aux indifférents à leur insu et aux hostiles malgré eux, c'est que chez beaucoup de vivants ce sont les morts qui parlent.

Soyez sans crainte pour l'avenir, vous êtes les combattants du bon combat. La revanche est certaine ; la revanche est proche ; ce sera celle de la plus vieille tradition nationale, ce sera celle de cinquante-deux générations qui ont eu foi au Christ et l'ont transmise avec le sang, ce sera celle de l'âme française.

Toute la salle se lève et acclame le Président général, dont le discours magnifique a été sans cesse interrompu d'applaudissements et de vivats.

Puis, quand il prend de nouveau la parole pour nous dire, en termes aussi splendides qu'émus, qu'une grande joie nous était réservée, celle d'entendre M. le comte de Mun, que depuis trop longtemps la souffrance obligeait à confier à la plume son verbe magnifique, les cris répétés de : « Vive de Mun ! » éclatent, se prolongent. Et c'est profondément ému que le grand orateur catholique prend la parole, au milieu d'un silence religieux.

Voici le texte de son discours.

DISCOURS DU COMTE ALBERT DE MUN

Messieurs,

Je vous remercie de votre chaleureux accueil. Il m'émeut au fond du cœur comme la touchante expression d'une inlassable sympathie, toujours vivante malgré les années, toujours fidèle malgré les épreuves.

J'aimerais y répondre, en laissant librement mon âme s'épancher dans les vôtres; mais vous savez quelle raison, plus forte que ma volonté, entrave l'effort de ma voix et me condamne, depuis quatre ans, à un dur, très dur silence.

Je n'ai pu cependant, m'asseyant à ce banquet, me résoudre à m'y taire tout à fait. Déjà, au congrès de 1903, j'avais voulu, le premier, répondre présent à l'appel que M. Pion adressait aux catholiques, pour la défense de leur Dieu répudié.

Aujourd'hui encore, après les jours douloureux de 1906, dans la détresse de l'Église dépouillée et de la Patrie opprimée, à l'heure sombre où pourraient défaillir des cœurs moins trempés que les vôtres, je veux, entre les mains du chef, toujours à son poste malgré des fatigues sans nombre et sans mesure, répéter avec vous les serments de 1903.

Je veux surtout vous offrir à vous-mêmes un hommage attendri, comme le soldat vaincu, tombé près de son arme brisée, se découvre, le regard chargé d'espérance, devant les bataillons nouveaux qui le dépassent en courant au combat.

Mais d'autres pensées encore, il faut que je vous en fasse l'aveu, montent ici de mon cœur à mes lèvres. De lointains, d'inoubliables souvenirs m'attachent au peuple de Bordeaux.

Un jour, voici près de trente-cinq années, quelques hommes étaient assemblés dans une humble salle, voisine de l'église de Saint-Seurin. C'était le premier cercle catholique fondé dans la ville. J'étais venu, appelé par eux, pour son inauguration, portant encore le vêtement militaire, qu'alors on n'arrêtait pas au seuil des maisons marquées du signe des chrétiens.

J'avais dit peu de paroles. Un ouvrier s'avança pour me répondre; dès les premiers mots, saisi d'un trouble soudain, il s'arrêta et, tout en pleurs, se jeta dans mes bras d'un mouvement impétueux. Ah! les larmes de cet homme du peuple, j'en sens encore sur ma joue la marque brûlante.

Il y eut, autour de nous, une minute de silence frémissant. L'étreinte suprême, nouée sous le regard du Christ, du soldat et de l'ouvrier, du pauvre et du riche, parut un lumineux symbole; il sembla qu'entre ces murs étroits, tout à coup, la France chrétienne paraissait, debout, entourée de ses fils réconciliés.

Qui eût dit, alors, qu'un jour viendrait où, dans un déchirement affreux, cette étreinte serait violemment rompue, où la triple armure de la France serait mise en morceaux, où le Christ renié, l'armée trahie, le peuple trompé seraient livrés sans défense à la haine et au mensonge, comme jadis les barbares victorieux piétinaient, en se jouant des vaincus, les débris de leurs autels renversés et les tronçons des glaives arrachés à leurs bras.

Messieurs, cet homme rencontré, il y a déjà tant d'années, à mon premier pas dans la vie publique, vous le connaissez, il est assis parmi vous : c'est l'humble serviteur de la cause qui nous rassemble ici et qui vit de son dévouement, travailleur de la terre ou de l'usine, du magasin ou de l'atelier, combattant ignoré, qui n'attend de son courage ni gloire ni profit, qu'assiègent sans trève le conseil perfide et le blasphème impie, et qui, fidèle à sa foi, malgré les menaces et malgré les promesses, demeure, dans la France conquise par l'ennemi de son Dieu, l'incorruptible témoin de ses traditions impérissables.

Ce héros obscur, je le salue comme un sanctuaire vivant; il porte, en sa rude poitrine, l'âme de la nation.

M. Clemenceau évoquait, l'autre jour, à Amiens, le *miracle grec* dont Renan rêvait sur l'Acropole, et cherchant pourquoi il s'était évanoui, ne laissant à la postérité qu'un souvenir intellectuel, il accusait la Grèce antique d'avoir perdu « le sens supérieur de la patrie hellénique ».

Il faut méditer cette parole. Je ne sais si M. Clemenceau a bien jugé les Hellènes, mais je suis sûr qu'il a du même coup, sans y songer, condamné, plus près de lui, ceux qui, agents ou complices de la conjuration maçonnique, ont méconnu le sens supérieur, mystérieux et profond de la patrie française.

Le sceau du christianisme a, pour les desseins divins, frappé notre nation, dans son berceau, d'une marque ineffaçable, qui la distingue entre toutes les nations, et qu'elle a, durant quatorze siècles, portée sur tous les chemins de sa merveilleuse épopée, des champs de Tolbiac aux plaines de Patay, depuis la conversion d'Henri IV jusqu'à la grande réconciliation du Concordat, étonnant le monde, au penchant des abîmes, par des sursauts libérateurs qui, toujours, quelles que fussent ses épreuves ou ses fautes, la ramenaient, pleine de vie, vers ses destins providentiels.

Cela, c'est le miracle français.

Pour l'avoir méprisé, les hommes que la fortune fait, en notre temps, les maîtres de la France, poursuivis par une fatalité mortelle, se voient réduits à n'être que des destructeurs, incapables de fonder la liberté et d'asseoir l'autorité, ne semant derrière eux que l'anarchie grandissante, et, dans une sorte d'horreur tragique, au terme de leur carrière, reculant épouvantés devant leur œuvre.

Aujourd'hui, châtiment suprême, l'idée même de la patrie se dissout à leurs yeux, de cette patrie dont les fondements sacrés furent sapés par leurs coups.

Laisserons-nous jusqu'au bout s'accomplir cette ruine sacrilège? Jeunes gens, dont je vois les regards animés des saints enthousiasmes de la foi, vous que j'ai si souvent appelés au chemin des grandes choses, voulez-vous donc livrer votre héritage!

* *

Messieurs, prenons garde aux morts! Nous entendions leurs voix, la semaine dernière, quand, réveillés par des mains impies dans la terre chrétienne où ils dorment en attendant l'heure de Dieu, ils soulevèrent un moment leur front baptisé, pour maudire les artisans de l'apostasie nationale.

M. Briand peut essayer d'en rire. Mais nous, qui ne rions pas de ces choses, prenons garde qu'ils ne nous accusent, nous aussi, ces morts qui furent nos pères dans la foi, ces morts « qui reviennent », comme disait hier Henri Bazire, prenons garde qu'ils ne nous accusent de trahir leur mémoire, si, lassés, nous abandonnions, parce qu'il est inégal, le combat où l'honneur nous engage.

Ce combat, ce n'est pas un choc d'ambitions rivales, ce n'est pas une bataille de partis, ce n'est même pas seulement, j'ose le dire, quelle que soit l'ardeur de ma foi, une lutte religieuse : c'est la lutte pour la vie nationale. Car, j'ai attesté l'âme populaire, et l'histoire quatorze fois séculaire, et la cendre des morts, j'atteste encore le sang qui remplit nos veines, la France est chrétienne par essence, par vocation, j'allais dire par définition.

C'est pourquoi toute la politique se réduit à ce dilemme inexorable: refaire la France chrétienne ou consentir à sa perte.

Je sais dans notre histoire un exemple mémorable qu'il est permis d'invoquer, bien qu'il vienne d'un vainqueur et qu'il éveille le souvenir d'un grand deuil.

Pendant qu'au soir de Waterloo se ruaient, sur le plateau du mont Saint-Jean, les phalanges héroïques de Napoléon, le duc de Wellington, immobile, interrogeait l'horizon par où le Prussien devait venir à son aide. Des officiers accouraient de toutes parts, lui montrant le péril, et demandant de nouveaux ordres. Mais « le duc de fer », l'œil fixé tour à tour sur sa montre et sur le ciel assombri, répondait seulement : « Il n'y a pas d'autre ordre que de tenir jusqu'au dernier homme. »

Messieurs, je n'ai rien de plus à vous dire.

« Messieurs, dit M. Pion, quand s'est un peu calmée l'émotion provoquée par ce magnifique langage, laissez-moi être votre interprète pour remercier M. de Mun d'avoir apporté à notre cause ce grand effort de sa grande foi. C'est la reconnaissance de la France chrétienne qui va vers lui et je vous demande de saluer avec moi d'un hommage dernier le grand orateur que la France entière mettra au nombre de ses plus grands. »

Tonnerre d'acclamations! La salle entière est debout, et l'enthousiasme est indescriptible quand, dans un élan spontané, le Président de l'A. L. P. et le député du Finistère échangent une fraternelle accolade.

SONNET DE M. XAVIER REILLE

M. Xavier REILLE ne fait qu'une apparition. Il ne devait pas prendre la parole : il a voulu apporter à M. de Mun le témoignage de l'admiration profonde que lui inspirent son éloquence et son caractère et dont l'improvisation suivante contient l'élégante et poétique expression.

SONNET

Improvisé par M. Xavier Reille après le discours du Comte de Mun, au banquet de l'A. L. P. du 10 novembre 1907 :

Puisqu'à mon tour il faut que je lève mon verre,
Je veux boire à celui dont j'écoutais la voix
Tout à l'heure, comme on écoute et qu'on révère
Le chant non oublié d'un hymne d'autrefois!

Albert de Mun! Son geste large a semblé faire
Sur nos fronts trop courbés un fier signe de croix!
Courage! Le Thabor est auprès du Calvaire,
Le triomphe est auprès des plus sombres effrois!

Merci! Réchauffés par sa grande voix sereine,
Nous descendrons demain plus braves dans l'arène
Jonchée encor de nos dépouilles d'aujourd'hui...

Je parle en vers, non point pour être mieux sensible;
Mais, parmi les échos de sa parole à lui,
Le vers n'est qu'imparfait, la prose est impossible.

A M. Xavier Reille, que chacun applaudit et félicite, succède M. Ballande.

TOAST DE M. BALLANDE

(vivement pressé de prendre la parole).

Messieurs,

Après ce que nous venons d'entendre, le rôle qui m'incombe est particulièrement ingrat, vous en conviendrez tous, mais je suis entré dans la politique en bon enfant, un peu en enfant terrible, je n'ai qu'à continuer. (Applaudissements.)

Il est vrai que je ne pouvais pas, quoique saturé de banquets (vous savez que les banquets jouent un rôle important dans la politique et en particulier dans la Gironde), pour la première fois où il m'est donné le plaisir si rare de me trouver au milieu de nombreux parlementaires amis, ne pas leur souhaiter la bienvenue et les remercier d'être venus tenir à Bordeaux le Congrès de l'A. L. P.

C'est pour moi un honneur très grand que d'avoir à les saluer, honneur obtenu bien facilement pour la bonne raison que dans notre beau département, je suis, hélas! le seul et unique champion de l'opposition et de votre cause (rires). Il n'y avait donc pas à choisir.

C'est avec une grande satisfaction que je viens ici rappeler que cette place de député de l'opposition dans la Gironde, je la tiens de l'union étroite de l'A. L. P. et du groupe progressiste.

Malheureusement, les fils uniques sont toujours des enfants gâtés : ils ont beaucoup de défauts et très peu de qualités; c'est pourquoi il m'est très difficile de continuer sur les sujets extrêmement élevés qui viennent d'être traités.

Je ne veux pourtant pas me retirer sans me demander avec vous si ce que nous avons fait dans le passé, ce que nous sommes disposés à faire dans l'avenir, est bien ce qu'il y a de mieux, au point de vue politique, pour la défense de la grande cause qui nous réunit ici et pour atteindre ce but de réconciliation de la France chrétienne dont vous a parlé M. Piou. (Applaudissements.)

Évidemment, après les réponses qui ont été faites, je n'ai qu'à m'associer de tout cœur à la continuation de cette union. (Applaudissements.)

Je veux le faire, en allant peut-être plus loin, tout en ne sachant peut-être pas regarder d'aussi haut que M. Piou pour pressentir les satisfactions qu'il vous a fait entrevoir tout à l'heure.

Je veux me contenter de penser que nous aurons tous la satisfaction du devoir accompli, sinon celle de la bataille gagnée, qu'au milieu du lâchage général de tous les partis (pardonnez-moi l'expression), nous aurons, nous chrétiens et catholiques, simplement suivi l'exemple de ceux qui auront accepté d'avance la situation faite à l'Église, qui l'ont acceptée joyeusement et vous disent: vous n'avez qu'à l'imiter. Vous n'avez qu'à avoir les mêmes sentiments, le même dédain pour les biens de ce monde, le même désintéressement, le même dévouement, et vous aurez même, peut-être, la victoire en politique! (Applaudissements.)

J'ai assez dit. Je bois de tout cœur à cette union de tous les libéraux, de tous les progressistes. (Salve d'applaudissements.)

DISCOURS DE M. DE GRANDMAISON.

Mes chers camarades,

Vous avez entendu la grande voix de nos Chefs. Maintenant, souffrez que du milieu même de vos rangs un simple soldat se lève, et vienne, bien faible écho, mais vivant et fidèle, redire après eux le mot d'ordre. (Applaudissements.)

Déférant au désir qui, pour moi, fut un ordre, je suis venu des rives de la Seine, à celles de la Garonne, vous apporter le cordial et fraternel salut de notre Union sociale républicaine du Havre, et au nom de tous nos camarades de Normandie, devant vous et avec vous boire à l'A. L. P.

Trop souvent parmi nous on a pensé — et je confesse avoir été de ceux-là — qu'il suffisait d'être un travailleur, un laborieux, un bon père de famille, un chrétien charitable. Ah! quelle erreur profonde! et aujourd'hui mieux éclairés, nous proclamons que l'action nécessaire comporte quelque chose de plus : le devoir civique, c'est à dire les obligations que nous avons envers le pays qui est le nôtre. (Applaudissements.) Et, de même que le pays comprend l'individu, la famille et la profession, et les fait concourir à sa vie générale, de même, ce devoir, plus ample que les autres, les englobe tous et les coordonne vers un idéal plus vaste et plus haut.

Nous disons le devoir civique et non pas politique, voulant affirmer par là, qu'en France, à l'heure actuelle, il n'y a plus de problème politique au sens constitutionnel du mot et que, quelles que soient les discussions théoriques sur les inconvénients ou les avantages des diverses formes de gouvernement, un fait s'impose, c'est que dans notre pays la question est légalement tranchée, et nous rendons loyalement à César ce qui appartient à César, refusant de continuer à émietter nos énergies et stériliser nos efforts dans une opposition constitutionnelle systématique et incomprise de la masse du pays. (*Applaudissements.*)

Nous avons mieux à faire que cela, car, quelles que soient les étiquettes gouvernementales qui nous régissent, les droits et les devoirs du citoyen ne changent pas; or, nous avons le droit de rendre notre pays habitable pour tous (*applaudissements*) et nous avons le devoir de participer à son assainissement en prenant à sa vie religieuse, économique et sociale, une part nécessaire et légitime qui contribue à dissiper le malaise qui y règne et solutionner la crise dont il souffre. (*Applaudissements.*)

Un peuple, ne peut se passer ni de religion, c'est à dire d'idéal et de liberté de conscience, ni du travail, c'est à dire de l'activité humaine, régulièrement et justement organisée, ni des affaires qui sont son pain quotidien.

Or, des voix plus autorisées que la mienne vous ont dit ce qu'on avait fait dans notre pays de tout cela, au point de vue politique, la guerre antireligieuse et une persécution imbécile qui règne depuis dix ans et risque de créer au sein de ce pays d'irréparables divisions.

Au point de vue social, la lutte s'accentuant chaque jour entre les esprits étroits tournant leur regard vers le passé, ceux qui confondant trop volontiers le mouvement social avec le socialisme, perpétuent les traditions de l'égoïsme individualiste, et les néfastes théories des politiciens du collectivisme. État inquiet et mauvais dont la répercussion directe sur notre situation économique amène la diminution et la souffrance des affaires, le gaspillage financier et les tentatives de bouleversement de notre organisation fiscale dans un but ouvertement socialiste.

Voilà la situation et alors, mes chers camarades, je viens vous dire : c'est à vous, c'est à nous de dire si cela nous plaît et si nous voulons que cela continue, ou que cela change! Si nous acceptons de demeurer dans notre pays, sur le sol de notre France, comme des vaincus, taillables et corvéables à merci, ou si, au contraire, nous voulons reprendre notre place au soleil.

C'est l'heure de choisir entre la résignation servile et l'action rénovatrice! et cette action, pour les braves gens qui sont encore en France l'immense majorité, elle tient toute entière dans ce seul mot : *s'unir*.

Voilà la nécessité suprême; sans union nous n'aurons pas de force et pas de victoire.

Mais, pour être efficace, cette union doit se réaliser dans le cadre, souple à la fois et résistant, d'une grande association nationale, accueillant toutes les convictions, pourvu que loyales et sincères, utilisant toutes les bonnes volontés, pourvu que généreuses et désintéressées (cris : *Oui, oui, applaudissements prolongés*), ayant un programme large et tolérant pour attirer; net et précis, pour diriger.

Et, précisément à l'heure où je m'éveillais au devoir civique, j'ai rencontré sur ma route cette association-là, j'ai connu son programme, et dès lors j'ai voué ma vie, corps et âme, à l'*A. L. P. (Applaudissements.*)

J'ai la conviction profonde que l'avenir lui appartient, et comment en serait-il autrement? Sa tâche n'est-elle pas précisément dans notre pays, de réaliser ce beau rêve de la formation du grand parti de l'ordre, qui est l'opinion générale et moyenne de la majorité du pays, en groupant sur le terrain constitutionnel et dans un amour commun de la tolérance et de la justice, d'anciens adversaires qui, il y a quelques années, se croyaient irréconciliables et n'étaient séparés que par des nuances et des malentendus : les anciens conservateurs renonçant loyalement à de respectables préférences, les anciens opportunistes devenant par les leçons de l'expérience des républicains libéraux, et les catholiques sans épithète politique qui ne demandent à l'heure actuelle que la liberté du droit commun. (*Applaudissements*.)

Voilà ce qui est en train de se réaliser par l'A. L. P. et ce superbe mouvement se développe avec la tranquille et régulière ampleur de la mer montant sur nos grèves, et les envahissant peu à peu, jusqu'à l'heure où, au souffle de la tempête électorale, le flot des honnêtes gens se soulèvera pour balayer le Bloc Franc-Maçonnique! (*Salves d'applaudissements*.)

Je vous ai parlé de l'Association, je veux acclamer aussi son programme. Oh, ce n'est pas un programme négatif, un programme d'opposition stérile et boudeuse, tournant ses regards vers le passé, mais un programme d'action et de progrès résolument orienté vers l'avenir.

Notre Association fait de la politique, c'est nécessaire! car dans un régime de démocratie et de suffrage universel comme le nôtre, la politique ne se sépare plus des libertés essentielles ni des intérêts économiques et sociaux ; ce sont les élus qui font les lois et gouvernent. Par conséquent notre Association a un devoir électoral ; elle n'y a pas failli et le remplit largement avec un désintéressement absolu.

Mais ce n'est pas suffisant, et pour l'A. L. P., laissez-moi vous le dire en terminant, la politique n'est qu'un moyen, ce n'est pas un but, et sa préoccupation principale, ce qu'elle veut, avant tout, — et je ne vous le cache pas, c'est par là qu'elle m'a séduit et enchaîné à elle — c'est résoudre la question sociale par l'amélioration du sort des travailleurs. (*Appl.*)

Et elle a raison, camarades, car s'il est une question qui se pose sous tous les régimes et dans tous les temps et se posera toujours avec une âpreté croissante, parce qu'elle naît de la force même des choses et de l'évolution fatale des intérêts moraux et matériels, c'est la Question Sociale.

Et pour l'adoucir d'abord, la résoudre ensuite, l'A. L. P. est le seul groupe politique qui nous présente un programme précis, utile et populaire, qui, se plaçant à égale distance du socialisme et de l'égoïsme individualiste, veut rendre aux travailleurs tous leurs droits mais en leur donnant la notion de tous leurs devoirs.

Et elle réclame impérieusement pour cela le double concours de l'État et du simple citoyen :

Au premier, elle demande la protection de la liberté pour tous, de la sécurité et de la santé des faibles, la réforme des abus, l'encouragement et la subvention de l'initiative privée. Au citoyen elle demande l'accomplissement du devoir social, c'est-à-dire pour tout le monde la justice réciproque, et pour la classe dirigeante, avec la justice, le dévouement. (*Applaudissements*.)

Voilà, mes camarades, la voie du relèvement et du salut ; il faut y entrer résolument car c'est la seule qui puisse nous mener au contact de ces masses profondes, conscientes de leur misère, et justement soucieuses de s'en arracher, et aussi de cette belle jeunesse catholique ardemment éprise de générosité et de divin idéal.

Il faut, suivant une parole illustre, que j'aime à conserver et redire, que nous allions de plus en plus au peuple, afin qu'en nous voyant agir, nous entendant parler, il comprenne, il sente, que nous ne sommes pas des politiciens faméliques et ambitieux, mais ses serviteurs désintéressés et passionnés, que nous aimons tout ce dont il a besoin : la justice sociale, le progrès scientifique, la liberté politique, et que notre ambition la plus haute est de faciliter sa marche en avant vers la lumière et la fraternité! (*Applaudissements prolongés*.)

Allons, mes chers camarades un dernier mot : serrez les rangs et haut les cœurs!

Certes, le présent est douloureux; l'avenir plus sombre encore; nous voyons tomber une à une nos libertés essentielles sous la hache du démolisseur, et cependant je garde toujours au cœur un invincible espoir!

Après tout l'Eglise et la France en ont vu bien d'autres: et nous leurs humbles fils, tôt ou tard, nous aurons le succès parce que nous possédons les deux forces qui triomphent des obstacles et violentent la fortune contraire: des convictions qui s'affirment, et des cœurs qui se donnent!

Camarades, faites-moi raison, car je bois à l'A. L. P., à ce précieux instrument que la Providence jette à nos pieds, à ceux qui ont le courage de le ramasser, l'énergie de s'en servir. Je bois à son vénéré fondateur, à son inlassable Président général. Je bois à tous les compagnons des luttes passées, à tous ceux des batailles futures pour le bon droit et pour la Liberté!

Je bois à cette Mère que nous aimons de toutes les fibres de nos cœurs, que tous nous voulons servir dans l'âpre réalité du devoir quotidien obscurément accompli, mais pour laquelle aussi, vienne l'heure à sonner, tous nous serions prêts à partir sans hésitation et tomber sans murmure, lui jetant avec la dernière goutte de notre sang et le dernier souffle de nos poitrines, l'acclamation suprême des gens de guerre: *Ave patria, morituri te salutant!*

Je bois au pays, je bois à la France! (*Tonnerre d'applaudissements.*)

M. Piou. — Vous venez d'entendre parler en termes éloquents la Normandie; je donne la parole à la Bretagne.

A vous de l'Estourbeillon.

TOAST DE M. DE L'ESTOURBEILLON

« Messieurs, la Bretagne ne peut rester silencieuse quand de tous les points de la France des voix s'élèvent ici pour revendiquer les droits et les libertés de la Patrie. Aussi, est-ce un grand honneur pour moi de venir, au nom de notre cher Pays, vous apporter le loyal salut d'un frère d'armes heureux de se retrouver parmi vous en ces heures de féconds enthousiasmes où l'émulation des courages décuple les espérances de victoire: Pour vous tous souvent, chers compagnons de luttes, la tâche est plus ardue, l'œuvre plus difficile que dans notre Pays d'Armor où, malgré les assauts réitérés des sectaires du Bloc et des valets des loges, la foi ardente qui y suscita tant de héros et tant de saints, fait encore de toute part vibrer profondément l'âme bretonne, qui comme l'algue aux rochers, demeure à jamais attachée aux nobles traditions ancestrales. Mais nous savons votre vaillance, et nous applaudissons d'autant plus à vos succès et à vos coups, que nous vous savons aux prises avec des ennemis plus audacieux et plus nombreux que les nôtres. — Quand a surgi l'A. L. P. il s'est trouvé comme chez vous, nombre de bons Bretons pour répondre à l'appel de notre éminent chef; nous avons vu dans cette organisation un puissant moyen d'action, et quand il s'agit de lutter pour leur Foi, leurs traditions et leurs libertés, il n'est pas un vrai Breton qui ne réponde au premier appel: Présent! Ainsi donc ferons-nous toujours; et nous serons fiers, en outre, de lutter à vos côtés, car au même titre que vous, nous faisons partie de la grande Nation française; parce que rien de ce qui touche à la vie nationale, de la grande comme de la petite Patrie ne saurait nous laisser indifférents, et parce que nos âmes sœurs doivent partager les mêmes angoisses comme les mêmes espoirs quand il s'agit de la Patrie. Et si parfois il nous arrive la tristesse de laisser nos espérances accrochées aux épines du chemin, il nous reste toujours comme à vous les sublimes espoirs dans l'immortalité de la Patrie qui ne peut disparaître et revivra toujours. — Je veux donc espérer, Messieurs et chers amis, qu'il ne sera peut-être pas nécessaire de mouil

Congrès comme celui-ci pour pouvoir, après la lutte, nous tendre dans le triomphe cette main fraternelle que nous aimons à nous présenter dans nos réunions, afin de célébrer ensemble et chanter à plein cœur l'hymne de la délivrance et de la Résurrection nationale. »

On applaudit à outrance M. de l'Estourbeillon dont le langage, si plein de cœur, souleva l'enthousiasme des auditeurs de cette belle réunion.

TOAST DE M. AMÉDÉE REILLE

Messieurs,

Je ne devais pas prendre la parole à ce banquet pour porter un toast, mais, tout à l'heure, lorsque j'ai entendu la grande voix de M. de Mun faire appel aux jeunes, je n'ai pu contenir mon émotion. Quel exemple pour nous! C'est un illustre vétéran de nos luttes qui nous parle aujourd'hui. Ses efforts peuvent lui coûter la vie. Sa raison lui commande le silence; sa foi déborde de son cœur à ses lèvres en anathèmes redoutables, en appels éloquents qui évoquent l'espérance des revanches prochaines. Les jeunes d'une seule voix vous répondent : Présents! (Applaudissements.)

Comme vous le disiez tout à l'heure, l'Eglise et la France ont connu d'autres épreuves. Au lendemain de la Révolution de 1830, comme aujourd'hui, l'anarchie et l'athéisme triomphaient bruyamment jusque dans la rue.

Le catholicisme semblait ébranlé par la chute d'un trône, à peine restauré, qui le couvrait de sa protection.

L'immortel génie du christianisme enfanta un homme qui s'appelait Montalembert. Comme vous, il était de grande race; comme vous, éloquent et généreux; comme vous, il monta jeune sur la brèche! Il apprit aux catholiques à ne compter que sur eux-mêmes, à se réclamer du droit commun et de la liberté. Sa voix fut entendue : la liberté de l'enseignement, dont les derniers lambeaux vont être arrachés par l'abrogation complète de la loi Falloux, fut le résultat de près d'un quart de siècle d'efforts et de luttes. (Applaudissements.)

La vôtre le sera aussi. Ce n'est pas en vain que vous aurez fait appel aux jeunes; votre nom, qui appartient déjà à l'histoire, y sera quelque jour, grâce à eux, inscrit dans l'apothéose de la victoire. (Applaudissements.)

A la bataille de Marengo, lorsque Desaix vint lui prêter le concours trop éphémère, hélas! de sa vaillante épée, Bonaparte regardant l'heure s'écria : « Il est quatre heures, nous avons perdu une bataille, nous avons le temps d'en gagner une autre. »

Eh bien, nous avons, nous aussi, perdu une bataille; mais nous avons encore le temps d'en gagner une autre. (Applaudissements prolongés.)

Vive la Liberté ! Vive la France !

M. Piou, au moment de donner le signal du départ, prononce l'allocution suivante, au milieu de l'émotion générale :

Messieurs,

« Avant de nous séparer, laissez-moi acquitter une dette de reconnaissance, d'abord envers ceux qui sont venus de tous les coins de la France, quelques-uns après de grandes fatigues, donner à ce quatrième Congrès un éclat qui sera fécond!

« Laissez-moi remercier ensuite nos amis de Bordeaux qui nous ont fait un si aimable accueil et aussi, et surtout, notre Comité régional qui a été l'organisateur incomparable de cette grande manifestation!

« A tous ses membres, à son Président, qui, tout à l'heure encore, nous a dit son dévouement en termes si émus, à tous merci et à bientôt !

« Séparons-nous par les deux cris qui nous réunissent tous :

« Vive la Liberté!

« Vive la France ! »

L'assemblée répète ce double cri où se résume tout entier le programme de l'*Action Libérale Populaire*. M. Piou se retire au milieu des mêmes ovations qui l'ont accueilli à son entrée. C'est à qui lui serrera la main et lui dira sa sympathie et son respect; et les convives se séparent avec force : au revoir ! emportant de cette superbe journée un inoubliable souvenir...

LE CONGRÈS ET LA PRESSE

(A titre d'indication nous donnons ci-dessous quelques spécimens des articles consacrés alors par la presse au Congrès de l'A. L. P.)

Le *Moniteur de l'Oise* (12 novembre 1907) :

Courageuses paroles.

L'*Action Libérale Populaire* a, pendant ces trois jours, rendu compte de ses travaux, discuté et mis à point ses projets, et démontré la puissance de ses organisations par des résultats tangibles.

Si le parti radical la déteste, il la redoute encore bien davantage. Et les appréhensions de ses adversaires paraissent justifiées, pour une raison : c'est qu'elle travaille, qu'elle se développe et s'étend, c'est que ses Comités vigilants et opiniâtres n'existent pas seulement que sur le papier, c'est que là où elle s'implante, les radicaux interrompent le chant de triomphe pour compter leurs blessés et leurs morts.

Résolument, elle aborde tous les terrains et tous les actes de la vie nationale. La grande question sociale qui dominera la politique de l'avenir ne la laissera pas indifférente. Au contraire, elle place l'amélioration du sort des ouvriers en tête de ses préoccupations. Elle s'efforce de découvrir les remèdes aux abus dont souffre le peuple et si elle ne s'embarque point sur la galère socialiste qui échoue avant d'atterrir, elle poursuit l'idéal de justice en créant des institutions pratiques de mutualité, d'assistance, de protection qui donnent à chacun des travailleurs un mieux-être des plus appréciables.

Elle se garde bien de placer la charrue avant les bœufs comme on le fait ailleurs ; ses conceptions rationnelles sont soumises à l'expérience qui les ratifie.

Au lieu de diviser la France en deux armées ennemies, l'*Action Libérale Populaire* tend à éteindre ces guerres intestines qui anémient la nation, pour y substituer l'union féconde sans laquelle un pays est voué à la décadence.

Telle est sa politique, toute sa politique et l'on pourrait inscrire au premier article de son programme : Réconciliation de tous les Français.

Comment ose-t-on encore lui jeter l'anathème et l'appeler rétrograde, lorsque du fond du cœur elle exprime cette généreuse espérance, formulée du bout des lèvres, par des républicains qui se laissaient circonvenir par l'intrigue, mais qui cependant étaient, comme l'enfer, pavés de bonnes intentions. Nous avons encore aux oreilles le refrain doucereux du Président Loubet : Oubliez vos haines, allez la main dans la main.

L'*Action Libérale* dit : « Aimez-vous les uns les autres », et pour mettre en action la sublime maxime, elle commande à ses adeptes d'observer la philosophie du plus grand des chrétiens.

La *République de l'Isère* (13 novembre 1907) :

A Bordeaux.

Le Congrès de Bordeaux, auquel nous venons d'assister, en compagnie du dévoué Président du Comité de l'*A. L. P.* du département de l'Isère et de quelques bons amis dauphinois, a été intéressant à plus d'un titre.

Il a montré avec éclat la vitalité de la **grande association**, qui groupe de plus en plus toutes les bonnes volontés et tous les bons Français sur le large terrain de la liberté et de la justice sociale; il a donné l'impression d'un parti sérieusement organisé ne bornant pas son action à une opposition stérile, mais s'efforçant, dès à présent, malgré les difficultés sans nombre semées devant lui, d'appliquer un programme de généreuses réformes qui deviendront autant de bienfaisantes réalités le jour où le peuple saura discerner ses véritables amis.

Le Congrès de Bordeaux a fait mieux encore : il a marqué une étape décisive vers l'union de tous les éléments libéraux et modérés de ce pays. En présence des forces compactes du bloc sectaire jacobin, trop de fois nous avons vu l'opposition se diviser et s'émietter. Combien de batailles perdues, combien de sièges livrés à l'ennemi, par ces malentendus entre braves gens que tout devrait cependant rapprocher!

Il semble bien, — les cruelles leçons de l'expérience aidant, — que cette nécessité de l'union triomphe enfin des méfiances injustifiées et des suspicions maladroites.

A Bordeaux, nous avons eu, en effet, ce spectacle réconfortant d'hommes venus de différents points de l'horizon politique, des libéraux comme M. Piou, des catholiques ardemment convaincus comme M. de Mun ou M. de Gailhard-Bancel, des républicains incontestés comme M. Jules Roche, ou M. Ballande, le sympathique député progressiste de Bordeaux, se tendre, publiquement, loyalement, une main fraternelle, non pas que ces hommes pensent sur toutes choses de la même manière, — union ne signifie pas fusion! — mais tous animés par un commun amour de la Liberté, par un même désir d'arracher notre Patrie des mains des aveugles ou des misérables qui la conduisent aux abîmes!

Et à l'un de nos amis qui félicitaient M. Jules Roche pour « cet acte de courage », l'éminent directeur de la *République Française* répondait avec sa franchise et sa logique habituelles : « Ce n'est pas un acte de courage que de réaliser les alliances que la situation et les événements imposent avec une impérieuse nécessité; pour lutter contre l'Empire, les républicains dont j'étais n'agissaient pas autrement; c'était un acte de clairvoyance; ce serait, par contre, un acte de folie que de ne pas faire l'union de tous les amis sincères de la liberté contre le parti de démolition, de gaspillage, de ruines et d'oppression qui détient le pouvoir et l'exploite à son profit! »

Puisse l'exemple donné à Bordeaux être partout suivi! Là est le secret des revanches inéluctables du bon sens et de la justice.

L'*Indépendant des Pyrénées*, 14 novembre 1907.

L'Action Libérale Populaire

Quatrième Congrès national.

Mes lecteurs n'attendent pas que je leur retrace par le détail les discussions et les travaux auxquels se sont livrés pendant quatre longs jours les 1.200 congressistes venus à Bordeaux de tous les points de la France sur l'invitation de nos amis de l'*A. L. P.*

Il me serait matériellement impossible, dans le cadre restreint de cet article, de reproduire tout ce qui a été dit et fait dans l'étude des questions agricoles : métayage, syndicats agricoles, caisses rurales, secours aux travailleurs des champs, amélioration du sort des paysans, etc., etc.; dans l'étude des questions fiscales : impôt sur le revenu, dégrèvement des cotes foncières, etc., etc.; dans l'étude du problème de la décentralisation : libertés communales et départementales, assemblées provinciales, suppression des fonctionnaires inutiles, etc., etc.

Pourrais-je, dans un résumé aussi succinct, rappeler les fortes paroles prononcées par nos chefs, les discours successifs des divers orateurs, donner une idée de l'éloquence du président, ce vaillant entre tous les vaillants, qui promène à travers les routes de France sa foi en un avenir meilleur, son désir de restauration nationale, ses conseils à l'organisation et ses appels à la lutte ?

Donner une idée de la conférence si claire, si logiquement déduite, si spirituellement documentée, de M. Jules Roche sur l'impôt global et progressif ? Paraphraser en termes indignes le merveilleux discours du grand Français qu'est M. le comte Albert de Mun ?

Mieux vaut pour ceux qui me lisent essayer de tirer la moralité de ces grandes assises libérales où vibra pendant quatre jours le souffle du patriotisme et de la fraternité. Et justement s'offre à moi, au matin même de mon retour, un article de la rédaction parisienne de la *Dépêche* dans lequel on essaie de railler l'œuvre du Congrès et la personnalité de M. Jacques Piou.

La *Dépêche*, après avoir indiqué qu'elle croyait l'A. L. P. « moralement et matériellement ruinée », constate que cette ligue d'opposition vit encore et que ses amis, les blocards, ont toujours devant eux « *un ennemi organisé qui les menace et qui les guette* ».

On aime à se voir rendre justice, même par ses adversaires. La *Dépêche* reconnaît que le Congrès de Bordeaux a prouvé une fois de plus la vitalité et l'organisation des forces d'opposition unies sous la bannière constitutionnelle de l'A. L. P. « Le bloc réactionnaire, dit-elle, dont l'A. L. P. est l'âme inspiratrice, n'est pas encore complètement dissous. »

La *Dépêche* a raison.

L'opposition n'est pas morte dans ce pays de loyauté, de foi, de patriotisme qu'est la France. Non, nous n'avons jamais cessé d'espérer, malgré les défaites momentanées, dans le relèvement de notre pays. Au moment même où nos adversaires sont les maîtres absolus, où ils se servent du pouvoir pour opprimer les consciences, violer les libertés, essayer de matérialiser et de dégrader l'âme de la nation, nous sommes toujours là, résolus à lutter jusqu'au dernier pour rendre aux Français leurs libertés, aux citoyens leurs droits, à tous la justice et l'idéal obscurcis.

Voilà ce que prouve le Congrès de Bordeaux; voilà ce que signifient ces réunions annuelles où nous convie l'A. L. P. Nous ne sommes pas fâchés que ce soit un journal ennemi qui nous serve à faire ces constatations. Nous sommes toujours debout, prêts à la résistance et pas aussi éloignés qu'on le croit du triomphe définitif. La victoire n'est jamais aussi près que lorsqu'on semble être anéanti. La victoire, c'est le sursaut de révolte et d'indignation, c'est le dernier effort de courage que l'on tente devant l'ennemi. Cet effort, nous le faisons chaque jour et nous le continuerons jusqu'à la délivrance.

J. DAURE.

L'*Union catholique* (15 novembre 1907) :

Un Congrès où l'on fait quelque chose.

Nous recevons, avec prière de l'insérer, l'article suivant sur le Congrès de l'*A. L. P.* :

Il y a quatre catégories de Congrès, disait à Millau notre ami Duguet : les congrès où l'on ne fait rien et dont le banquet est le seul but ; les congrès où l'on ne fait pas assez, où ne sont prononcés que des discours sans sanction, des phrases éloquentes aussitôt oubliées, qu'évanouis les derniers échos des applaudissements ; les congrès tumultueux, violents et stériles qui trop souvent laissent derrière eux des dissentiments regrettables, des scissions irréparables ; enfin, quatrième catégorie, les congrès qui donnent des résultats utiles et durables.

Je ne crois pas être présomptueux en classant parmi ces derniers le Congrès de l'*A. L. P.* qui vient durant trois jours de tenir ses assises à Bordeaux. Il y a été fait quelque chose.

Les grands organes catholiques, libéraux, indépendants de la presse parisienne et régionale ont avec satisfaction enregistré cette heureuse constatation. D'aucuns d'entre eux avaient spécialement délégué un de leurs rédacteurs pour suivre les discussions ou plutôt les délibérations des représentants de cette grande association. De plus en plus prospère et puissante, ils ont pu le constater, en face du Bloc momentanément victorieux, elle se dresse comme une forteresse inexpugnable, derrière laquelle l'armée de toutes les libertés et de la justice sociale forme ses cadres, recrute ses soldats, coordonne ses forces et prépare les luttes futures, luttes qui, j'en ai la conviction, marqueront un jour, peut-être prochain, la fin de la tyrannie abjecte des Loges maçonniques.

Les questions d'organisation intérieure de l'*A. L. P.*, les réformes constitutionnelles, les problèmes sociaux, longuement étudiés dans les précédents congrès nationaux, et fixés depuis par des projets de loi déposés sur les bureaux de la Chambre, ont cette année cédé le pas à l'agriculture...

Préconisant l'association sous toutes ses formes, le crédit rural dans toutes ses manifestations, la création de coopératives pour la vente des produits de la terre, le Congrès a marqué toute la sollicitude de l'*A. L. P.* à l'égard des travailleurs de nos campagnes, de nos chers paysans de France qui toujours prêts à donner leur argent, leurs bras, leur sang à la patrie, n'en sont pas moins sacrifiés par la politique de gaspillage et d'imprévoyance que nous subissons.

La question agricole ne pouvait qu'appeler l'étude des réformes fiscales auxquelles elle est intimement liée ; l'*A. L. P.* n'a pas éludé cette actualité brûlante...

Fidèle à son système d'enquêtes, elle avait adressé à tous ses comités un questionnaire touchant notre régime fiscal et l'impôt sur le revenu...

Sans vouloir entrer dans le fond de la question, — ce n'est pas le but de ces quelques lignes — disons tout de suite que, si le principe de l'impôt sur le revenu a été reconnu acceptable par beaucoup de congressistes, le projet inquisitorial et vexatoire de M. Caillaux a été rejetté à l'unanimité.

En attendant que la France soit gouvernée par des hommes à la fois plus compétents plus honnêtes et plus indépendants que la bande actuellement au pouvoir qui ne pourra jamais faire de l'impôt sur le revenu qu'une arme de guerre contre ceux qui ne seront pas blocards, le Congrès a émis le vœu qu'une plus juste répartition de l'impôt soit établie, et que soit voté le dégrèvement des petites cotes foncières.

Tout comme l'impôt sur le revenu, la décentralisation administrative est une réforme dont le Bloc parle toujours pour ne la réaliser jamais.

Le Congrès de Bordeaux, abordant de front cette question si importante pour notre pays, tant au point de vue de sa vitalité qu'au point de vue financier, a demandé qu'une plus grande initiative soit laissée : aux conseils généraux, pour l'organisation des régions dans lesquelles sont situés leurs départements ; aux communes, pour le libre choix de l'enseignement primaire, pour la subvention des cultes, sous la garantie de l'exercice du referendum par les citoyens, etc., etc.

Dois-je dire que tous ces travaux sérieux, utiles, pratiques ne sont pas cependant ce qui aura le plus grand retentissement dans tout le pays et que ce sera la définition de ce qu'est vraiment l'A. L. P. qui sera le plus remarquée ?

Dans les discours de M. Piou, de M. de Mun, de M. Lerolle, etc. etc., sur la bouche de tous les rapporteurs est revenue à diverses reprises cette affirmation : L'A. L. P., n'est pas purement une organisation électorale, elle est surtout et avant tout une organisation ayant un but social.

« Son œuvre n'est point un effort passager, transitoire, éphémère ; c'est une œuvre de patience, de méthode et de très longue haleine. Elle n'est point, comme tant d'autres groupements vivants ou morts, un simple comité électoral, un agrégat occasionnel qui sommeille pour se réveiller à chaque élection.

« Elle est, avant tout, une Association, c'est-à-dire qu'elle veut grouper, dans une unité puissante, permanente, active, disciplinée, dans une solidarité effective et réalisée pratiquement par des institutions économiques autour d'un programme politique et social, court, précis mais très large, tous ceux qui veulent la liberté pour tous, l'égalité devant la loi, le droit commun, l'amélioration du sort des travailleurs. »

Certes la France savait cela, certes, elle savait que l'A. L. P. s'était depuis plusieurs années placée sur le terrain social, mais il était utile que cela fût répété bien haut, que cette attitude fût à nouveau très nettement affirmée.

Le Congrès de Bordeaux l'a fait ; laissant de côté les questions mesquines et transitoires, considérant les élections comme des incidents passagers dans la vie de l'association, ses orateurs ont compris que les œuvres d'action et de propagande se tiennent ; qu'il est absurde de vouloir par la conférence et la presse agir sur un homme de vingt-cinq ou quarante ans si cet homme a été contaminé et gangrené par l'école et les œuvres postscolaires ; qu'il faut agir sur ses contemporains non pas à un moment déterminé comme les élections mais à tous les moments de l'existence.

« Ils ont également compris, dit le *Peuple Français*, que les phrases ne suffisent pas, qu'on ne prend pas les mouches avec du vinaigre, ni les hommes avec des coups de gongs retentissants et de phrases harmonieuses sur les libertés à défendre et les persécutions à repousser ; mais qu'il faut des réformes efficaces, une idée matérielle. »

Toutes les institutions sociales créées ou suscitées par les comités de l'A. L. P. — et Dieu sait si elles sont nombreuses — avaient prouvé au monde ouvrier que ce grand parti s'intéressait à lui : dans ses assises nationales, l'A. L. P. a répété aux travailleurs : « Nous vous aimons, nous voulons vous servir, sans pour cela vous flagorner et vous tromper ; nous ferons l'impossible pour vous donner toutes les réformes réalisables capables d'apporter dans vos foyers plus d'aisance et de bien-être ; mais sans attendre de l'État impersonnel et égoïste très long à se mouvoir, les améliorations que vous rêvez, nous venons à vous pour vous aider à secouer la tutelle des loges maçonniques qui vous exploitent, pour assouvir leurs mauvais instincts, et qui vous ruinent en mettant dans vos cœurs la haine de la religion, de la patrie ; nous venons à vous pour vous apporter l'amour de la charité, la solidarité que nous inspire le catholicisme. »

9

L'effet de telles paroles ne peut qu'être efficace, surtout lorsqu'elles sont corroborées par des actes.

Si ceux auxquels s'adresse ce langage se donnent un instant la peine de comparer ce qui a été fait au congrès de l'A. L. P. à Bordeaux, et les conversations, les discours échangés aux congrès radicaux ou socialistes de Nancy et d'ailleurs, ils auront tôt fait de voir de quel côté se trouvent leurs véritables amis et les dévoués défenseurs de leurs intérêts.

Qui donc, en effet, peut nier que les réformes sociales ou fiscales étudiées par l'A. L. P. ne sont pas infiniment plus intéressantes pour le prolétariat que de savoir s'il faut en temps de guerre déserter, fusiller les chefs de l'armée ou marcher au canon, s'il faut en temps de paix encourager Hervé, l'homme du drapeau dans le fumier ou l'exclure du Bloc?

PAUL ARDENS.

Le *Glaneur de Sarlat*, 17 novembre 1907 ;

Congrès de l'Action Libérale Populaire

à *Bordeaux*.

Ces jours derniers, les 7, 8, 9, 10 novembre, s'est déroulé, à Bordeaux, sous la présidence de M. Piou, le quatrième Congrès national de l'A. L. P. Tous ceux qui ont pris part à ses travaux ou ceux mêmes qui se sont contentés d'assister à ses grandes réunions populaires et au banquet de clôture, ont remporté la conviction de la puissance de l'A. L. P et de la grandeur de son rôle. Pendant quatre jours, il leur fut donné d'entendre les orateurs les plus divers, hommes d'affaires, hommes de rêve, hommes d'action, tous hommes de cœur, dont les voix se confondaient dans le même cri d'alarme jeté à leur pays: d'horizons politiques différents, tous s'étaient rassemblés pour défendre la France en péril, menacée par ceux-là même à qui elle a remis imprudemment la garde de ses destinées ; de talents dissemblables, tous vibraient de la même éloquence, en condamnant cette course aux abîmes, seul programme de notre gouvernement, en prophétisant les ruines qui nous menacent et qu'il faut à tout prix conjurer. Au verbe frémissant du député Lerolle, succédait la parole persuasive de l'ancien ministre Jules Roche, l'illustre *tombeur* de l'impôt sur le revenu, éminent manieur de chiffres, qui démentait, comme en se jouant, les systèmes « *nouveau jeu* », et dévoilait les duperies cachées au fond des sondages de M. Caillaux. Aux parlementaires succédaient d'anciens députés, ou même de simples citoyens, qui, pour être bannis de la représentation nationale par les stupidités du suffrage universel, n'en sont pas moins des sommités sociales. Et voyant tous ces braves gens, l'élite du pays, unis dans le même amour de la France pour son relèvement et sa régénération, on comprenait que l'A. L. P. devenait pour les Français la seule patrie de ceux qui en ont encore une.

Et quelles leçons que le spectacle de ces réunions! Pas de querelles d'intérêt, pas de mesquines vanités, pas de brigues pour les premières places et les honneurs! À l'A. L. P. personne n'attend de décorations; elles sont laissées à ces pères-conscrits du Bloc qui ont porté au Panthéon les cendres de Zola, le chantre de la crapule. Dès lors, pas l'ombre d'une rivalité; l'ardeur du bien public animait seule ces réunions; la courtoisie réglait des discussions que passionnait le désir de la vérité. Beaucoup venaient de loin à grands frais; des congressistes ruraux avaient abandonné leurs semailles commencées pour jeter cette autre semence du bien, dont la conscience fait seule la moisson; d'autres avaient dû quitter leur usine, leur atelier, leur étude; tous n'attendaient du fruit de leurs travaux d'autre récompense que la satisfaction du devoir accompli.

Les journaux nous ont retracé les fastes du dernier congrès socialiste, où le sentiment commun était la révolte contre tout ordre, toute règle, toute loi; leurs feuilles même nous ont rapporté l'écho, affaibli pourtant, de ces pétaudières tapageuses où plus d'excommunications furent prononcées en quelques jours que dans Rome, même depuis saint Pierre : le jaurésiste excommunie le guesdiste, le guesdiste excommunie l'hervéiste, l'hervéiste excommunie le broussiste, le broussiste excommunie l'anarchiste. qui, à sont tour, excommunie en bloc tous les unifiés; des divisions irréductibles. la haine et l'envie des soldats aux chefs; des discordes inouïes sur ce qui ne peut se discuter sans impiété, sur la Patrie elle-même ! Voilà le prélude de l'ère heureuse que promettent au pays nos adversaires. Les gens de bon sens jugeront de quel côté peut venir la paix du pays ; ils décideront en quelles mains ils convient de remettre les destinées de la Patrie.

Autre enseignement du quatrième Congrès de l'*A. L. P.* Si des progressistes de marque, comme Jules Roche, par exemple, ont apporté à l'*A. L. P.* l'autorité de leur expérience, la force de leur talent, c'est qu'ils ont compris qu'elle restait le seul rempart contre les bataillons de la révolution sociale. L'armée du mal et celle du bien sont en présence : plus de place aux tièdes, aux indécis; il leur faut devenir par force alliés de l'une d'elles et combattre sous ses étendards; tout ce qui se trouve entre les deux a été piétiné comme un champ de bataille; les opportunistes d'autrefois se sont fondus, les farouches radicaux sont décimés ou... absorbés par le socialisme. Ils voudront en vain édulcorer à leur usage un socialisme moins amer : c'est un bloc; on n'en peut rien distraire. Et les démolisseurs leur crient : « On est avec nous ou contre nous. » Voilà pourquoi l'*A. L. P.* rassemble tant d'alliés : elle est, dans la défaite générale, seule debout, la force de ralliement. Sans doute, tous ceux qui combattront avec elle n'auront pas le *Credo* pour devise; mais, comme le disait son chef à Jules Roche : « Si tous les braves gens ne se rencontrent pas dans le temple, ils se retrouvent du moins sous le péristyle. »

TABLE ANALYTIQUE DES MATIÈRES

SÉANCES, DISCOURS, RAPPORTS, DISCUSSIONS

Séance d'ouverture.

Jeudi 7 novembre 1907

Présidence de M. GLOTIN.

PREMIÈRE JOURNÉE

Vendredi 8 novembre 1907.

L'ENQUÊTE AGRICOLE

Présidence de M. DE GAILHARD-BANCEL.

Séance du matin.

Deuxième séance (après-midi).

ORGANISATION, ADMINISTRATION, PROPAGANDE

Présidence de M. PIOU.

DEUXIÈME JOURNÉE

Samedi 9 novembre.

L'IMPÔT SUR LE REVENU

Présidence de M. le baron XAVIER REILLE

Séance du matin.

Deuxième séance (après-midi).

DÉCENTRALISATION

Présidence de M. OLLIVIER.

Assemblée générale du soir.

Présidence de M. PIOU.

BANQUET DU PALAIS DE FLORE

TROISIÈME JOURNÉE

Dimanche 10 novembre 1907.

TABLE ALPHABÉTIQUE DES MATIÈRES

LISTE DES ORATEURS

RAPPORTS PRÉSENTÉS AU CONGRÈS

VŒUX PRÉSENTÉS AU CONGRÈS

PARIS. — IMPRIMERIE LEVÉ, RUE CASSETTE, 17.

18